AF525860

Davids 8. Salme

Forklart av Martin Luther

Prediken år 1537

Korrekturlesing: Anne Margrete Voie Hansen

Forlag: BoD · Books on Demand, Postboks 354 Sentrum, 0101 Oslo, bod@bod.no

Trykk: Libri Plureos GmbH, Friedensallee 273, 22763 Hamburg, Tyskland

ISBN 978-82-845-1233-4

MARTIN LUTHERS INNLEDNING

Vi vil tale om vår kjære Herre og Frelser Jesus Kristus. For Han har befalt oss å minnes Ham inntil Han kommer. Han har også gjort seg fortjent til at vi aldri vil glemme Ham. For å gi oss en anledning til å tale om Ham, skal vi ta opp Davids åttende salme, som ble skrevet om vår Herre Jesus Kristus, og følge eksemplet til denne profeten, når han profeterer til oss.

DAVIDS 8. SALME

1. En salme av David, som skal synges til Gittit.
2. Herre, vår hersker! Hvor herlig ditt navn er over hele jorden, du som har utbredt din prakt over himmelen!
3. Av barns og diebarns munn har du grunnfestet en makt for dine motstanderes skyld, for å stoppe munnen på fienden og den hevngjerrige.
4. Når jeg ser din himmel, dine fingrers verk, månen og stjernene som du har satt der
5. - hva er da et menneske at du kommer ham i hu, Menneskesønnen,
at du ser til ham!
6. Du vil la ham være forlatt av Gud en liten stund.
Du vil krone ham med ære og herlighet.
7. Du vil gjøre ham til Herre over dine henders verk;
du har lagt alle ting under hans føtter.
8. Sauer og okser, alle sammen, ja, også markens ville dyr,
9. himmelens fugler og havets fisker, alt som ferdes på havets stier.
10. Herre, vår hersker! Hvor herlig ditt navn er over hele jorden!

MARTIN LUTHERS FORKLARING

1. En salme av David, som skal synges til Gittit

Profeten David skrev denne salmen, og tittelen vitner om at David er dens forfatter: *En salme av David.* Tittelen inneholder ordene: *som skal synges Gittit* [גִּתִּית]. Ordet Gittit [גִּתִּית] forekommer også i Salmene 81 og 84. Siden den arameiske teksten alltid bruker ordet cinnora for det, tror jeg at Gittit [גִּתִּית] var et strengeinstrument, en harpe eller sitar. På Davids tid var ikke musikken like kunstnerisk som den er i dag. Et instrument som lyren med ti strenger var omtrent det høyeste og mest strålende og kunstneriske de hadde, mens vanlige instrumenter hadde tre eller fire strenger.

Nå har musikken utviklet seg enormt, og vi har mange instrumenter som er mer kunstneriske, men på Davids tid fantes det bare lyrer, harper, sitarer, fløyter, cymbler osv.

Tittelens utsagn *som skal synges til Gittit* skal forstås slik at en prest eller en levitt sang denne salmen, mens en annen spilte harpe eller sitar. David hadde satt fire tusen sangere til å lovprise Herren og delt dem inn i fire grupper som skulle tilbe, takke og prise Gud på alle slags strengeinstrumenter foran paktens ark. Derfor må det ha vært konstant sang og ringing hele året, med cymbler, lyrer og harper, slik vi kan se av 1. Krønikebok 25.1 ff. David skrev selv de sangene de skulle bruke for å tilbe og prise Gud og hans gjerninger. Derfor kalles denne boken [סֵפֶר תְּהִלִּים], det vil si en lovsangsbok eller en takkebok. Derfor har den så mange takkesalmer, som tilber og priser Gud for alle slags velsignelser. Blandet med disse er det mange profetier og løfter for de kristne, samt advarsler mot de ugudelige. Prestene og levittene ble ordinert til å synge og akkompagnere på strengeinstrumenter til slike takkesanger som David hadde skrevet. Så mye i korthet om tittelen.

Denne salmen er en av de vakreste salmer og en herlig profeti om Kristus. David beskriver her Kristi person og rike og lærer oss hvem Kristus er; hva slags rike Han har og hvordan det er oppbygd; hvor denne kongen hersker, nemlig over hele jorden, men også i himmelen; og midlene som hans rike er grunnlagt og regulert på, nemlig bare gjennom Ordet og troen, uten sverd og rustning. Derfor begynner han slik:

2. Herre, vår hersker! Hvor herlig ditt navn er over hele jorden,
du som har utbredt din prakt over himmelen!

Han vender seg mot kongen og tiltaler ham, som om han ville si: «Før du kommer til jorden, o konge, blir du lovprist og takket bare i det lille, trange hjørnet av Judea og i Jerusalem. Men etter at du er kommet, skal det lyde og synges, takkes og lovprises mer, ikke bare i det trange hjørnet av Judea, men i alle land under himmelen, i hele verden.» Med dette profeterer og forkynner han helt i begynnelsen av denne salmen at gjennom denne kommende kongen vil Gud bli lovprist og tilbedt *over hele jorden.*

Herre, vår hersker!

Han kaller denne kongen for *Herre* og *hersker.* Dette er to navn.[1] I hele Den hellige skrift tilskrives ordet *Herre* [יְהוָה] aldri noen annen enn den guddommelige majestet. For det er Guds store navn, som i våre tyske bibler er skrevet med store bokstaver for å skille det fra de andre navnene. Navnet *Herren* [יְהוָה] tilskrives ingen skapning på jorden, nei, ikke engang en engel i himmelen, men bare Gud. Derfor er det et spesielt og eget navn på Gud og betyr «den rette, sanne og evige Gud».
Men ordet [אָדוֹן] herre eller hersker, er et vanlig navn, som Den hellige skrift bruker til og med om fyrster og overhoder i husstanden. Det betyr ikke *Herren* slik Gud kalles *Herre*, men slik mennesker er herrer og regjerer. Dermed kaller Sara Abraham sin herre: *Jeg er blitt gammel, og herren* [אֲדֹנִי] *min er også gammel,* 1. Mos. 18.12. Josef kaller Potifar, Faraos kammerherre og hoffmann som hadde kjøpt ham fra ismaelittene, for sin *herre*, 1. Mos. 39.8. Josef blir selv kalt *herre* av egypterne, noe han erkjenner når han sier: *Gud har satt meg til herre over hele Egypt,* 1. Mos. 45.8-9. Aron kaller Moses sin *herre: Bli ikke vred, herre!* 2. Mos. 32.22. Ordet brukes på denne måten i mange andre skriftsteder. Derfor betyr ordet *hersker* her ikke den guddommelige majestet i sitt hemmelige, himmelske vesen, slik Faderen er og blir

---

[1] Nordiske bibeloversettelser lyder: *Herre, vår Herre.* Men Luther oversetter og forklarer at det forekommer to forskjellige navn i hebraisk grunntekst. Young oversetter slik: *Jehovah, our Lord.* Ut fra Luthers forklaring kunne vi godt ha oversatt: *Herre, vår herre.* Men på tysk skrives substantiv med stor forbokstav, så det blir: *Herr, unser Herr.* For å skjelne mellom de to navn skriver Luther i sin 1545 oversettelse: *Herr, unser Herrscher.*

kalt Herre og Gud, og Sønnen er og blir kalt Herre og Gud, og Den Hellige Ånd er og blir kalt Herre og Gud. Men det betyr den menneskelige natur og denne Kongens ytre herredømme over oss mennesker.

Når denne kongen kalles *Herre, vår hersker*, følger det at han må være sann Gud og sant menneske på samme tid. For hvis han ikke var sann Gud, kunne han ikke være og bli kalt *Herre,* siden Gud ikke vil gi sitt navn og sin ære til en annen. Jesaja 42.8: *Jeg er Herren, det er mitt navn. Jeg gir ikke noen annen min ære eller de utskårne bilder min pris.* På den annen side, hvis han ikke var et sant menneske, kunne han ikke være vår hersker, siden vår hersker også må være et menneske fordi han skal ha dette herredømmet og denne regjeringen over menneskene. Denne Kongen er altså *Herre*, det vil si Gud, og vår herre eller hersker,[1] det vil si menneske. Dette betyr at han er lik Gud, og likevel er han også et menneske.

Det følger videre at denne Kongen har herredømme over oss mennesker på jorden, ikke bare som den sanne og evige Gud i seg selv - for som sådan trenger Han verken herredømme eller undersåtter - men også som sant, naturlig menneske. I og med at han er Herre og Gud, trenger han ikke noe herredømme. Men ved at Han ble menneske, trenger Han herredømmet; ellers kunne Han ikke ha dette navnet og bli kalt hersker over menneskene. Han kom til jorden og ble menneske for å ha med oss å gjøre og være vår hersker, autoritet og regent, og vi er hans herredømme og undersåtter. Han er Herre og Gud i kraft av sin evige og guddommelige natur og vesen. Han er hersker ved sin menneskelige natur og ved det embete og rike hvor han er vår herre og vi er hans undersåtter.

Kristus er altså den sanne og evige Gud med Faderen og Den Hellige Ånd både i et udelt guddommelig vesen, og i et sant, naturlig menneske. Han kom til jorden og tjente oss; til vårt beste opprettet Han et rike der vi kunne nyte Ham, slik at Han ikke kunne forbli helt alene i Guddommen, men også kunne bli lik oss og være vår hersker. Som Salme 95.6-7 sier: *Kom, la oss tilbe og bøye kne, la oss knele for Herren, vår Skaper! For han er vår Gud og vi er det folk han før, den hjord hans hånd leder.*

Men David holder personens enhet fast og sikker. Han gir Kristus Kongen to navn - et stort guddommelig navn, *Herre*, og et lite menneskelig navn, *hersker.* Slik indikerer han de to naturene i Kristus, både den guddommelige og den menneskelige naturen; likevel taler han ikke om to, men om én eneste *Herre* og *hersker*, for å vise personens enhet, nemlig at Kristus Herren, vår hersker, er én eneste person. Han skjelner mellom naturene og gir hver natur et spesielt navn. Likevel deler han ikke personen, men holder personen udelt. La oss følge denne profeten, som ved Den Hellige Ånd profeterer at Kristus er Herren og herskeren over oss alle, og likevel er det ikke to herrer eller to herskere eller to Messias'er eller to konger, men én eneste *Herre, vår hersker*, én eneste Messias og konge.

Det er tre unike læresetninger som David nevner og bekjenner her i korte ordelag. For det første har denne Kongen to naturer, det vil si at Han er sann Gud og sant menneske. For det andre er han en udelt person; ikke to personer, to konger, to herrer og herskere, men én person, én konge, én Herre og hersker. For siden han tilskriver Herren eller herskeren, det vil si dette mennesket, Guds navn og ære, og kaller ham *Herre,* det vil si Gud, må denne *Herren* og dette mennesket ikke være noen annen gud eller avgud, men virkelig og i sannhet Gud sammen med Faderen og Den Hellige Ånd. Og siden han tillegger denne Herre, det vil si Gud, menneskelige navn og egenskaper og kaller ham *hersker*, slik mennesker er herskere og regjerer, må denne Herre og Gud være et sant menneske og lik menneskene i alt unntatt i synd. Og siden han kombinerer *Herre* og *hersker* og sier at denne *Herren, vår hersker*, ikke er to, men én, så er denne Herren identisk med vår hersker, og vår hersker er identisk med Herren; dvs. denne *Herren, vår hersker*, må være én eneste person. Den tredje læren er at denne *Herren*, dvs. Gud, skulle bli menneske og motta herredømme, makt og ære fra Faderen over alt. Hva slags herredømme og rike Faderen gir denne mannen og herskeren, vil han beskrive senere.

Hvor herlig ditt navn er over hele jorden!

Så langt har han beskrevet personen og portrettert denne kongen som den sanne og eneste Gud og det sanne mennesket, en regent og hersker over oss mennesker. Nå går han over til en drøftelse av hans rike og sier at denne Herren, vår hersker, har et majestetisk navn over hele jorden. Hva slags navn dette er, lærer Paulus i Fil. 2.9-11: *Gud har høyt opphøyet Kristus og gitt ham det navnet som er over alle navn, for at i Jesu navn skal hvert kne bøye seg, deres som er i himmelen og på jorden og under jorden, og hver tunge skal bekjenne at Jesus Kristus er Herre, til Gud Faders ære.* Og i Rom. 1.4 sier han at Gud Faderen reiste sin Sønn opp fra de døde og herliggjorde ham ved Den Hellige Ånd i ord, tegn og under i hele verden, for at menneskene skulle

erkjenne og vite at han er Guds Sønn, som han har gjort til arving og overhode over alle.
På samme vidunderlige måte ser David her at det fra det lille hjørnet i Jerusalem vil komme en proklamasjon som vil lyde mektig og herlig gjennom hele verden: At Jesus Kristus, sann Gud og menneske, er en slik Herre og hersker, som alt er underlagt, selv i henhold til hans menneskelighet - engler, mennesker, synd, død, verden, djevelen, helvete, og hva som helst som måtte nevnes i himmelen, på jorden og under jorden. Et slikt navn er enestående, stort og umåtelig herlig. Hvem har noen gang hørt om å tillegge et menneske på jorden et navn som er så stort og herlig som det som tilskrives denne Herre og hersker? Den tysk-romerske keiser og konge, paven og til og med den tyrkiske keiseren er som en sparkonge[2] i sammenligning med denne Herren og herskeren. De kan ha store titler, kan bli kalt høye og mektige, uovervinnelige, mest nådige og lignende. Men denne kongen forkynnes over hele jorden som den sanne Gud og det sanne menneske, en mektig Herre og hersker, som alt må underkaste seg og underordne seg, himmel og jord og alt som er der, engler, mennesker, djevler, død og liv, synd og rettferdighet.
Profeten David blir veldig begeistret for dette store og herlige navnet og kan ikke få nok av å beundre det. Han er så forbauset at han ikke vet hvordan han skal snakke om det eller hvordan han skal nevne dette navnet. Han sier at det er så stort og herlig at menneskene vil forkynne, synge og tale om denne kongen over hele verden. «Å, kjære konge», sier han, «hvor stor en Herre og hersker du er! Hvilket herlig navn du har i alle land! Hvor kan jeg finne ord for å tale om det? Jeg kan ikke nå det med mine tanker, langt mindre beskrive det fullt ut med ord. Så herlig et navn har du, o konge, i hele verden.»
Dette navnets storhet og herlighet vekker virkelig slik forundring. Hvis det fantes en lege på jorden som kunne helbrede en eller to uhelbredelige sykdommer eller lidelser, eller som til og med kunne redde et menneske fra døden, hvilken lovprisning og berømmelse tror du ikke en slik lege ville få i hele verden? Hvis en fyrste eller konge hadde makt og kraft til å få en blind til å se, til å drive ut en djevel eller til å vekke opp en død, ville alle synge og si om ham: «Dette er en herre.» Hvis den romerske keiseren kunne rense en spedalsk for hans spedalskhet - hvis han ikke allerede var keiser, ville de snart krone ham. Men hva er vel alt dette i sammenligning

[2] Sparkonge er et kort i kortstokken.

med hva denne kongen og herskeren har gjort for menneskenes barn, og fortsatt gjør hver dag og vil gjøre i hele verden inntil den ytterste dag? Han har tilgitt mange syndere deres synder og tilgir dem fortsatt daglig. Han har gjort mange blinde seende og renset mange spedalske. Han har oppreist mange fra de døde og gjort dem levende, og på den ytterste dag vil han oppreise alle mennesker og gjøre dem levende. Derfor er dette et strålende og herlig navn, som alle godt kan bli overrasket over; jo rikere ånd og jo høyere forståelse, desto større vil forundringen være blant kristne.

Du som har utbredt din prakt over himmelen!

Hva er det han sier? Denne kongen skal være Herre og hersker over oss mennesker, selv om vi mennesker er på jorden. Hans navn skal bli herlig i alle land gjennom den takk som blir gitt i himmelen.[3] Hvordan blir han takket i himmelen, når hans navn blir forkynt på jorden? Hvordan stemmer dette? Hvordan kan hans navn bli herlig forkynt av oss mennesker over hele jorden, samtidig som hans lovprisning og takk blir gitt av oss mennesker i himmelen? Vi mennesker kan ikke være her nede på jorden og oppe i himmelen på samme tid. Hvordan kan det ha seg at han forveksler jord og himmel? Svar på dette: Dette er sagt i samsvar med Kristi rikes natur, som er et merkelig og vidunderlig rike - ikke et jordisk, forgjengelig, dødelig rike, men et evig, himmelsk, uforgjengelig rike. Innbyggerne i Kristi rike er jordiske, forgjengelige, dødelige mennesker, som bor i landområder spredt hit og dit på jorden; og samtidig er de himmelens borgere.

Hvordan kan dette være mulig? Eller hvordan blir dette riket til? Hør hva denne Kongen selv sier om dette foran landshøvdingen Pilatus i Joh. 18.36: *Mitt rike er ikke av denne verden. Var mitt rike av denne verden, da hadde mine tjenere kjempet, så jeg ikke skulle bli overgitt til jødene. Men nå er mitt rike ikke av denne verden.* Og litt senere (v. 37): *Jeg er konge. Til dette er jeg født, og til dette er jeg kommet til verden, at jeg skal vitne for sannheten. Hver den som er av sannheten, hører min røst.*

---

[3] Luthers oversettelse: *Du som takkes i himmelen!* Norsk oversettelse: *Du som har utbredt din prakt over himmelen!* Begge gir samme mening som King James: *Who hast set thy glory above the heavens.* Luthers forklaring viser at ordet *himmelen* skal forstås om menigheten, dvs. nådehimmelen og om ærens himmel.

Slik skiller han skarpt mellom sitt eget rike og verdens rike, og han lærer hvordan hans rike er oppbygd. «Keiserens rike», sier Han, «er av denne verden, tilhører denne verden og tar slutt med denne verden. Mitt rike er ikke av denne verden; det tilhører ikke denne verden, selv om det allerede eksisterer i denne verden; det tar ikke slutt med denne verden, men tilhører en annen verden og består til evig tid. Romerriket kan vare så lenge det vil, men mitt rike blir ikke etablert, styrket eller bevart ved ytre makt og fysisk sverd, slik som verdens riker blir etablert, styrket og bevart ved fysisk makt og sverd. Men det bygges, styrkes og bevares gjennom Ordet, troen og Ånden. Verden er full av vantro, ondskap, hykleri, løgn og falskhet. Alle verdslige, ytre regjeringer, om de enn er nokså veletablerte og konstituert med dyd, rettskaffenhet og rettferdighet, er likevel fulle av falskhet og løgn for Gud; det er ingenting sannferdig og rettferdig i dem som kan stå oppreist for Gud. Men mitt rike er et sannhetens rike. For dette ble jeg født og kom til verden, for at jeg skulle forkynne sannheten, og for at menneskene skulle høre og ta imot sannheten, så de kunne bli sannferdige, rettferdige mennesker, som tilhører en annen verden og hvis *gjerninger er gjort i Gud.*» (Joh. 3.21)

Dette er hva David vil si: «Herre, vår hersker, du er en konge over alle konger og en herre over alle herrer (Åp. 17.14). *Du alene har udødelighet og bor i et lys dit ingen kan komme* (1. Tim. 6.16). Ditt rike vil strekke seg like langt som verden, og likevel vil dette riket være et evig, himmelsk rike. Du er en konge i himmelen, og likevel vil du ha ditt rike på jorden, ja, til og med under jorden i helvete. For det finnes ikke noe som er så høyt eller dypt, verken i himmelen eller på jorden eller under jorden, at du ikke kan ha makt over det og hjelpe det. Derfor vil de på jorden som forkynner ditt navn i ditt rike, som ber, lovpriser og takker deg, være i himmelen, selv om de bor på jorden, spredt over alle land.»

Derfor er alt dette sagt i samsvar med Kristi rikes natur, som er et himmelrike og evig liv; et sannhetens og fredens rike; et gledens, rettferdighetens, trygghetens, frelsens og alt det godes rike. I dette riket regjerer Kristus, herlighetens konge, opphøyet til Guds høyre hånd og innsatt som overhode over alle, over sine kristne i tro gjennom evangeliet og Den Hellige Ånd, midt i synden, døden, djevelen, verden og helvete. Selv om de fysisk sett fortsatt lever på jorden, setter Han dem i himmelen ved kraften i sitt rike, sitt Ord, sin Ånd og sin tro.

Allerede i sin samtid så profeten hva slags herredømme og rike Han ville få. I dag venter jødene fremdeles på at Messias skal komme med en stor hær og mange soldater og opprette et verdslig imperium, der han skal dele ut mye gull og sølv og hjelpe jødene til stor ære, makt og herlighet. David beskriver Messias på en helt annen måte og sier at han, Kongen, vil være hans Herre, vår hersker, og at hans rike vil være en herlig ordning, ettersom hans navn vil bli forkynt i alle land og lovprist i himmelen. Her sies det ikke noe om gull og sølv, men om forkynnelse av Ordet, om lovprisning og takk over hele jorden og i himmelen. Denne herskerens herredømme og rike har dette formålet, at vi her på jorden begynner å være i himmelen og til slutt kommer inn i himmelen og blir der for evig. Dette kongens rike hjelper oss her i ånd og sjel i himmelen (i menigheten), selv om vår kropp fortsatt er på jorden en stund; men der (i ærens himmel) hjelper det oss i sjelen og (det nye) legemet, synlig og åpenbart. Vi ble ikke døpt til Kristus, og vi tror ikke på ham for å kunne spise og drikke, eller få penger og gods på jorden av ham. Han gir oss slike ting uansett, og Han har opprettet og ordnet et annet rike, hvor vi skal forvente slike goder fra Ham. Vi ble døpt i Ham og vi tror på Ham for å komme til himmelen og bli frelst for evig. Her på jorden lever en kristen etter legemet. Som alle andre mennesker spiser og drikker han, arbeider og styrer sine saker. Men hans hjerte, sinn og tanker er rettet mot hans evige frelse i himmelen og hans visshet om dette håpet.

La oss merke oss disse punktene nøye. Herren, vår hersker, har opprettet og forberedt et herredømme og et rike der vi allerede er i himmelen ifølge ånden, hjertet og sjelen, selv om vi etter legemet er spredt hit og dit i forskjellige land. Paulus taler på samme måte i Filipperbrevet 3.20-21: *Vi har vårt hjemland i himmelen. Derfra venter vi også Herren Jesus Kristus som frelser. Han skal forvandle vårt fornedringslegeme og gjøre det likt med sitt herlighetslegeme ved den kraft han har til også å legge alle ting under seg.* Vårt statsborgerskap eller hjemland, sier han, er ikke her på jorden, men i himmelen; der har vi vår virkelige eksistens og vårt liv. Der har Jesus Kristus, Herren, noe å gjøre, men det har ikke keiseren og paven med sine eksistensformer. Der er vi Guds borgere og arvinger, brødre og medarvinger med Kristus. Ja, vi er allerede der med våre hjerter etter ånden og troen; for vi tror, som barnas trosbekjennelse lærer oss: «En hellig kristen kirke, legemets oppstandelse og det evige liv.» Derfor har vi dette faste håpet og venter med tillit at vi på den ytterste dag skal stå opp og eie det evige liv. Dette er hva det egentlig betyr å leve i himmelen, ikke med kroppen, men med hjertet og sjelen i tro og håp. Ved troen på Ordet har vårt hjerte fått tak i livet i himmelen gjennom Den Hellige Ånds kraft. Men vi må fortsatt vente til den ytterste dag, da vår gamle «ormesekk» endelig skal renses og komme med. Nå klamrer kjødet seg fortsatt til oss, og vår sjel sitter fortsatt i et mørkt fengsel, slik at den ikke kan se herligheten i vårt hjemland og arvelodd i himmelen. Når fengselet er knust, da skal vi se det, ikke delvis gjennom et speil i mørket, men fullkomment og ansikt til ansikt, som Paulus sier, 1. Kor. 13.12.

Det var dette David så og erkjente i Ånden. Derfor taler han så gledelig om det. Han fremsetter denne herlige profetien om Kristus og hans rike, og ønsker av hele sitt hjerte at han måtte få leve og se denne profetien gå i oppfyllelse. Han fikk ikke oppleve det, men vi har fått profetiens oppfyllelse. For gjennom forkynnelsen av evangeliet når denne herskerens navn ut over hele jorden med en gledelig lyd. Likevel ønsker alle sanne kristne at de kunne se ham personlig. Vi har navnet, men ikke personen, bortsett fra at vi gjennom Ordet i forkynnelsen hører at han kom, ble født av en jomfru, stod opp fra de døde og opprettet et evig rike; inn i dette riket kommer vi gjennom dåpen[4], og vi er allerede i himmelen ifølge sjelen. Når vi går i graven og hviler til den ytterste dag, da vil Herren, vår Hersker, hvis navn vi forkynner over hele jorden og som vi takker i himmelen, si til oss: «Kom ut av gravene og få evig liv i himmelen, også etter legemet.»

Derfor skjønner du at David sammenknytter jorden og himmelen, når han sier at vår herskers navn er *herlig over hele jorden* og samtidig er *hans prakt utbredt over himmelen*. For Kristi rike er på jorden, i alle land, og likevel samtidig i himmelen, for det er ikke et jordisk, fysisk, dødelig rike, men et evig rike; derfor kalles det *himmelriket* i evangeliet. Den som blir tatt opp i dette riket, er i himmelen ifølge ånden og sjelen, selv om han ifølge kroppen og kjødet er på jorden. Sjelen har sin himmelske føde, for den næres ikke av fysisk brød som vokser på jorden, slik legemet gjør, men må ha en annen føde, nemlig livets brød som kommer fra himmelen, Joh. 6.50 ff. Hvor er kjøkkenet eller kjelleren hvor man kan finne mat og drikke for sjelen? I himmelen, det vil si i menigheten på jorden, der Herren vår hersker har sitt rike, menigheten, som hører himmelen til. Der får vår sjel næring og nyter himmelske goder. Han vender seg til kongen og sier: *Herre, vår hersker! Hvor herlig ditt navn er over hele jorden, du som har utbredt din prakt over himmelen.* Det vil si: «Din lille

[4] Inkluderer dåpen med Den Hellige Ånd.

hjord priser deg, spredt over hele jorden, men samtidig i himmelen. På samme måte som ditt rike er på jorden og samtidig i himmelen, slik er også din lille, fattige flokk spredt på jorden etter legemet, men etter hjertet, sjelen og ånden er den i himmelen. Ditt rike er utstrakt på jorden, og likevel er det ikke et jordisk, men et himmelsk rike; dermed er dine troendes tilværelse og liv på jorden ikke en jordisk, men en himmelsk tilværelse i himmelen. Deres lovprisning og takk, selv om den foregår i alle de land hvor ditt navn forkynnes, er fortsatt himmelsk lovprisning og takk.» For det er sjelen, opplyst av Guds Ånd, som frembærer denne lovprisning og takk. Det er også sant at der hvor det ikke finnes tro og kunnskap om Kristus, finnes det bare jordisk lovprisning og takk, slik man kan se hos paven og muslimene. Deres hyppige faste, bønn, lovprisning og takksigelse er bare jordiske, kjødelige ting og menneskelig forfengelighet; der finnes verken Ånd eller noe som hører hjemme i himmelen.

Ingen kan tale så godt om dette som de kjære, hellige apostlene. Paulus sier i Kol. 3.3-4: *Deres liv er skjult med Kristus i Gud. Når Kristus, vårt liv, åpenbares, da skal også dere åpenbares med ham i herlighet.* Og Johannes sier i 1. Joh. 3.2: *Mine kjære, nå er vi Guds barn, og det er ennå ikke åpenbart hva vi skal bli! Vi vet at når han åpenbares, da skal vi bli ham like, for vi skal se ham som han er.* De kunne ikke ha sagt det finere og vakrere. En kristen og troende er Guds barn og i himmelen; men det er fortsatt skjult og vises ikke. Djevelen og menneskene ser det ikke. Faktisk ser det ofte ut til å være motsatt, selv for våre øyne. Men til sin tid vil det bli åpenbart og tydelig. De som nå er Guds barn, går ut, lovpriser og tilber Kristi navn over hele jorden og takker ham i himmelen.

3. Av barns og diebarns munn har du grunnfestet en makt for dine motstanderes skyld, for å stoppe munnen på fienden og den hevngjerrige

I dette verset beskriver han herredømmet og viser hva slags herredømme og rike det er; på hvilken måte og med hvilke midler Herren, vår hersker, oppretter sitt rike, nemlig gjennom menneskets munn; hva slags mennesker han bruker til dette, *barn og diebarn*; hvordan han går frem, på en måte som er tåpelig for verden; og hva han oppnår ved det, nemlig at han *stopper munnen på fienden og den hevngjerrige.* Han kaller Kristi herredømme eller rike for *makt* på grunn av dets kraft og makt. For det

hebraiske ordet [עֹז] betyr styrke, makt, kraft. I Den hellige skrift betyr det ofte også et kongedømme, som i 1. Mos. 49.3: *Ruben, min førstefødte er du, min kraft og min styrkes første frukt, høyest i ære og størst i makt.* Salme 110.2: *Din makts kongestav skal Herren rekke ut fra Sion.* Det er slik det brukes her: «Du har gitt makt, en makt til å regjere og herske. Du har innstiftet et mektig herredømme og opprettet et sterkt og mektig rike, som skal stå og bestå mot all verdens makt, ja, mot helvetes porter.» Hvordan grunnlegger Han en slik makt og et slikt rike, og hva slags mennesker bruker Han? *Av barns og diebarns munn,* sier han, *har du grunnfestet en makt.* Du har forordnet en styrke eller opprettet et rike fullt av makt og kraft mot synden, døden, djevelen og verden, ikke med fysiske våpen, rustning eller sverd eller gevær, men med menneskers munn, og det av barn og diende barn. Det er på denne måten Kristi rike blir etablert, nemlig ikke med menneskelig kraft, visdom, råd eller makt, men med Ordet og evangeliet som forkynnes av *barn og diebarn*. Den tyrkiske keiseren styrker og befester sitt rike med sverdet. Det samme gjør paven. Men Kristus grunnlegger, styrker og befester sitt rike bare gjennom det muntlige Ordet.
Med *barn* mener Han ikke små barn som ennå ikke kan tale (for skal de tale og forkynne Ordet, må de kunne tale), men vanlige, enkle, enfoldige mennesker, som er som barn ved at de legger all fornuft til side, griper og tar imot Ordet med enkel tro, og lar seg lede og styre av Gud som barn. Slike mennesker er også de beste lærde og elever i Kristi rike, slik han selv sier i Matt. 11.25: *Jeg priser deg, Far, himmelens og jordens herre, fordi du har skjult dette for vise og forstandige, men åpenbart det for umyndige.* I Salme 19.8 sier David: *Herrens vitnesbyrd er trofast, det gjør den enfoldige vis.* Og i Salme 119.130: *Når dine ord åpner seg, gir de lys, de gir enfoldige forstand.*
Med *diebarn* mener han ikke de som ligger ved sin mors bryst og dier, men de som er som diebarnet ved at de klamrer seg til det rene, ublandede Ordet uten tilsetning av menneskelige drømmer og tanker. For på samme måte som et nyfødt barn som dier, er tilfreds med sin mors melk, slik søker ikke disse menneskene noen annen føde for sin sjel enn Kristi rene og uforfalskede evangelium. Slik sier Peter: *Som nyfødte barn må dere lengte etter den uforfalskede åndelige melken, for at dere ved den kan vokse til frelse,* 1. Pet. 2.2. Han kaller evangeliet *åndelig melk*, som man må begripe med sjelen; og *uforfalsket melk*, som man ikke oppfatter med et kjødelig sinn, men med en ren tro. Derfor utelukker ordet *barn* all menneskelig fornuft i

trosspørsmål, og ordet *diebarn* utelukker all forfalskning av Ordet og all falsk tilsetning av menneskelige tanker.[5]

Av hvilken grunn og med hvilken hensikt grunnlegger Kristus en slik makt og et slikt rike? Hva ønsker Han å oppnå med dette? *Du har grunnfestet en makt,* sier han, *for dine motstanderes skyld, for å stoppe munnen på fienden og den hevngjerrige.* Dette er hva du ønsker: Du har en fiende, en hevngjerrig fiende; ham ønsker Du å ødelegge og bringe til fullstendig taushet. Derfor har Du forordnet denne makten, for ved hjelp av den å fullføre fiendens ødeleggelse. Med *fienden og den hevngjerrige* mener han djevelen og hans brud, verden og alt som er stort og høyt i verden - som jødefolkets synagoge, som korsfestet og drepte Kristus; eller Romerriket, som motarbeidet Kristus og hans rike med all sin makt; og til og med i dag det muslimske og tyrkiske riket, som daglig angriper Kristus og hans kirke. Djevelen er så fiendtlig innstilt til Kristus at han ønsker å utslette ham fullstendig. Han kan ikke vinne noe over Kristus; for selv om djevelen sårer Kristi hæl, korsfester og plager ham, knuser Kristus, kvinnens ætt, hans hode og ødelegger hans rike og makt, 1. Mos. 3.15. Derfor angriper, forfølger og plager han hele kristenheten og hver enkelt kristen, og er så fryktelig vred at han aldri slutter å skade Kristi kirke med løgn og drap, slik vi daglig ser og opplever. På grunn av slike fiender har Kristus *grunnfestet en makt av barns og diebarns munn.*

Men nå er det forunderlig at Kristus *stopper munnen på fienden og den hevngjerrige* ved den kraft som er forordnet fra *barns og diebarns munn.* For *fienden og den hevngjerrige* er en sterk og mektig ånd. Han er verdens gud og fyrste, og under seg har han et sterkt og veletablert rike og mange andre ånder, som hver for seg er sterkere enn alle mennesker på jorden. *Barn og diebarn* derimot er fattige, svake mennesker, fanget i fiendens makt. For gjennom Adams fall og synd kom alle mennesker inn i døden og djevelens tyranni. Hva kan de i en slik svakhet og fangenskap noensinne utrette mot *fienden og den hevngjerrige*? *Barn og diebarn* vil yte liten motstand og gjøre liten skade mot disse sterke og mektige åndene og disse store og mektige tyrannene på jorden, som rir i djevelens tjeneste som hans følge og raser mot Kristus og hans kirke - særlig fordi de ikke fører noe sverd, men bare skal

[5] Kirkefedrene, Luther og Læstadius forklarer på andre steder at diebarn (sanne kristne) dier moderens (menighetens) bryster (predikanter), dvs. de tror på Ordet som predikes av Den Hellige Ånds predikanter i den rette, ene menigheten.

kjempe med munnen. Hvorfor sender han ikke de himmelske ånder og fyrster, Gabriel, Mikael og andre engler, som kan stå imot fienden og knuse ham?
Svar: Herren, vår hersker, ville ikke bruke Gabriel eller Mikael til dette, men han ville gi styrke fra munnen på barn og diende barn. For siden fiendens misgjerning er stor og hans vrede voldsom, finner denne herskeren glede og fornøyelse i å gjøre narr av en slik ond, voldsom og stolt ånd og håne ham. For å kunne grunnfeste denne makten, fornedrer Han seg selv så dypt og blir et menneske, ja, til og med fornedrer Han seg selv under alle mennesker, slik det står skrevet i Salme 22.6: *Jeg er en orm og ikke et menneske, jeg er spottet av mennesker og foraktet av folk.* Derfor går han omkring i fattigdom, som han selv sier i Matt. 8.20: *Revene har huler, og himmelens fugler har reder, men Menneskesønnen har ikke det han kan helle sitt hode til.* I en slik fysisk svakhet og fattigdom angriper han fienden, lar seg korsfeste og drepe, og ved sitt kors og sin død ødelegger han *fienden og den hevngjerrige*, slik Paulus sier i Kol. 2.15: *Han avvæpnet maktene og myndighetene og stilte dem åpenlyst til skue, da han viste seg som seierherre over dem på korset.*
Etterpå, når han har stått opp igjen fra de døde, er steget opp til himmelen og ønsker å utøve sin makt gjennom menneskers munn, sender han sine apostler og disipler: Enfoldige og simple mennesker. Han kaller dem selv for får, Matt. 10.16: *Se, jeg sender dere som får blant ulver.* Og evangeliet vitner gjennomgående om at Herrens disipler alltid oppførte seg som simple barn, derfor var de virkelig sauer. Det er en veldig dum og tåpelig begynnelse - og all fornuft vil dømme slik - å sende så enkle, uintelligente mennesker mot så smarte, høyt intelligente ånder og å sette de svakeste på jorden opp mot verdens mektige herrer og de mektigste ånder under himmelen. Hvorfor ikke bruke de mektigste englene i himmelen, for eksempel engelen Gabriel med sine engler? Han er feltmarskalk og bærer sverdet, som har gitt ham navnet «Gabriel», det vil si Guds makt eller kraft. Men han gjør ikke dette, men tar fattige, simple fiskere og befaler dem å gå ut i hele verden og forkynne evangeliet for alle skapninger, Mark. 16.15. «Åpne munnen på vidt gap», sier han, «og forkynn med frimodighet, slik at det gir gjenlyd for alle skapninger.» Han bevæpner dem også med trøst og glede. «Djevelen», sier han, «vil presse dere hardt med sitt følge og drepe dere. Men *frykt ikke for dem som dreper legemet, men ikke kan drepe sjelen. Frykt heller for ham som kan ødelegge både sjel og legeme i helvete!*», Matt. 10.28. Slik grunnfester han sin makt og sitt rike; han kunne ikke gjøre det mer tåpelig foran

verden. For all fornuft må si at det er en tåpelig ting å kjempe mot djevelen og alle helvetes porter med noe så lite og svakt.
Så dette er hva David sier her: *Av barns og diebarns munn har du grunnfestet en makt.* «Du har opprettet et rike», sier han, «som er fullt av makt og kraft mot synden, døden og djevelen. Et slikt rike har du opprettet - ikke av verdens visdom, kløkt, list, makt eller kraft, men av munnen på enkle, enfoldige, svake mennesker, som blir betraktet som de minste, som overgitt til døden, 1. Kor. 4.9 ff., 2. Kor. 4.» Men er det ikke forunderlig at slike menneskers munn kan utløse en så stor og enestående kraft? På pinsedag står Peter opp i Jerusalem, frykter verken Annas eller Kaifas eller hele Sanhedrin (rådet), åpner sin munn, slår til mot djevelens rike, og med én eneste prediken omvender han tre tusen sjeler fra djevelens rike til Kristus. De andre apostlene utøver også en slik makt med sin munn og sitt ord at synagogen og det jødiske riket blir styrtet i grus. Så kommer de til Roma, angriper den høyeste makt på jorden, irettesetter dens hedenskap og avgudsdyrkelse, og med sin munn oppreiser de en makt som ingen kan motstå. De sprer seg videre ut i verden, med Ordet stormer de djevelens rike, de planter og bygger Kristi kirke. Slik kommer den makten som verken keiser eller konge, verken fyrster eller makthavere kan motstå. De motarbeider og mishandler apostlene og de kristne, men til ingen nytte. Kraften fra *barns og diebarns munn* skjærer igjennom og vinner seieren. Keisere, konger og jordens makthavere må henge med hodet og bekjenne at de ikke kan forsvare seg mot den.
Disse to hærene som møtes her og støter sammen er total ulike: På den ene side er de mektigste herrene på jorden sammen med de voldsomste djevlene i helvete. På den annen side er de stakkars, svake disiplene, som verden ser på som *slaktefår,* Rom. 8.36. Derfor er det et under over alle undere at herskeren utøver makten på denne måten. Hvis han tok himmelens mektige fyrster til dette, kunne de utrette det; Mikael kunne slå ned keisere, konger og makthavere på jorden. Men Han ønsker ikke å bruke englenaturen til å innstifte denne makten. I stedet bruker han menneskenaturen, som djevelen har slukt og som han er herre over, og som han holder fanget på grunn av synden. Denne naturen setter han opp mot djevelen, for å fange, binde og overvinne fienden, og han gjør dette gjennom munnen, dvs. gjennom Ordet og forkynnelsen av evangeliet. *Gå ut i all verden og forkynn*

evangeliet for all skapningen, sier han til sine disipler, Mark. 16.15. Slik oppbygger han riket og makten.
Slik går vår Herre Gud forbi den største og høyeste makten blant englene i himmelen. Han tar de aller mest simple, ulærde, enfoldige og svakeste på jorden. Han setter dem opp mot djevelens og verdens høyeste visdom og makt. Dette er Guds gjerninger, for han er en Gud *som gjør de døde levende og kaller på det som ikke er til, som om det var til,* Rom. 4.17. Slik er hans natur og hans egenskaper. Han beviser det med kornet på åkeren; *hvis ikke hvetekornet faller i jorden og dør,* sier Kristus selv i Joh. 12.24, *blir det bare det ene kornet.* Men hvis det dør, råtner og mister skallet og melet i jorden, vokser det med røtter, strå og aks (Mark. 4.28) og bærer mye frukt. Oppsummert er det Guds natur å vise sin majestet og makt gjennom *det som er svakt* og *det som ingenting er,* 1. Kor. 1.27-28. Han sier selv til Paulus, 2. Kor. 12.9: *Min kraft fullendes i skrøpelighet.*
Keisere, konger, fyrster og herrer på jorden går frem med makt og bruker alle sine penger og sitt gods mot Kristus og hans rike. Djevelen stormer også mot det med fornuft, visdom og kløkt gjennom kjettere, fraksjoner og sekter. Slik sier Gud: «Selv av steiner (Matt. 3.9) kunne jeg skape mektige og veldige keisere, konger og makthavere, eller skape fornuftige, vise og kloke mennesker, og gjennom dem opprette mitt herredømme og rike, slik at makt skulle kjempe mot makt, kraft mot kraft, fornuft mot fornuft, visdom og klokskap mot visdom og klokskap. Men jeg ønsker ikke å gjøre det. Jeg vil begynne tåpelig, slik at de i sin store kløkt kan bli dårer og tåpelige, slik at de ser og skjønner at all deres rikdom, makt, fornuft, visdom og kløkt er total verdiløs for Meg. Derfor, på samme måte som de går ut med makt, fornuft, visdom og kløkt for å trosse og skryte, så snur Jeg meg rundt og under nesen på de rike, mektige, vise og kloke setter Jeg bare fattige, svake og simple mennesker, som verken har hus eller hjem, men er *fremmede og utlendinger på jorden,* Heb. 11.13. Det er dette jeg har glede og behag i. Fordi de skryter av sin makt og visdom, møter jeg dem bare med svakhet og dårskap.»
Profeten er overrasket over dette, at Herren og herskeren forordner en makt, det vil si et mektig, kraftig, veletablert og evig rike, og gjør det på en måte som ser tåpelig ut for all fornuft. Hva er da hans metode? Hvordan forordner Han denne makten? Gjennom Ordet, fra munnen på *barn og diebarn.* Hvordan stemmer dette overens med en slik uendelig, evig kraft som skal stå opp mot død, djevel og verden?

La det stemme som det vil! Herren, vår hersker, bruker ikke sverd, gevær eller rustning for å etablere denne makten, men Ordet, og et Ord som går ut av munnen på *barn og diebarn*, det vil si vanlige og enfoldige mennesker som er som barn som ikke kan snakke ordentlig. Romerne var så kloke mennesker at de trodde det ikke fantes noen som dem i hele verden. Apostlene var tvert imot ukloke og uforstandige for verden. Men Gud gav dem en munn og en visdom som ingen av deres motstandere kunne motsi eller motstå.
Jesus er tolv år gammel, sitter i tempelet i Jerusalem midt blant lærerne, lytter til dem og stiller dem spørsmål, slik at alle som hører ham, må *forundres over hans forstand og over de svarene han gir*, Luk. 2.47. Apostlene er også barn, tåpelige og uforstandige overfor verden. De forstår ikke verdens visdom og er elendige og fattige. Men de har guddommelig visdom som langt overgår all verdens visdom, og de har store himmelske rikdommer som de foretrekker fremfor alt som er i verden, og som de gjør hele verden rik ved. Så nå står den ene overfor den andre. Verden hoverer og skryter av sin store makt, fornuft og visdom. Men han sier til verden: «Skryt så mye du vil. All din makt, fornuft og visdom er møkk for meg; jeg vil styrte deg ned med all din makt, fornuft og visdom. Jeg vil sette *barn og diebarn* over deg. Med sin munn og sine ord vil de oppreise en makt og et rike til spott og hån for all din makt og visdom. Med det samme ordet vil jeg fange deg i din kløkt og gjøre din visdom til dårskap.»
Hva skjer i vår tid? Paven mangler ikke lærde, kloke og intelligente mennesker, men ligger langt foran oss i dyktighet, hjerne og intelligens. Likevel utretter han intet mot oss. Vi gjør ikke annet enn å åpne munnen og tale Ordet med frimodighet. Vi kjemper en kamp mot paven der vi ikke bruker noe sverd og ikke skyter med kanoner. Men med Ordet, Fadervår, trosbekjennelsen og evangeliet oppreiser vi en makt som er så sterk og mektig at den meier ned hele systemet av prester, munker og nonner så vel som hele pavedømmet. Han betrakter vårt evangelium som dårenes forkynnelse, ja, som vranglære, og likevel må han være redd for det og bukke under for det. For Herren, vår hersker, er mye sterkere enn djevelen, paven og verden. Han kan kunsten å være sterkest når han ser svak ut. Med svakhet og kraftløshet begynner han og lar sitt ord bli forkynt, noe som verden ser på som barnslig, tåpelig og dumt. Men gjennom denne svakhet og kraftløshet er han så mektig at han beseirer alt annet ord, all annen makt og visdom i verden.

Det er på denne måten Herren, vår hersker, etablerer sitt rike, gjennom det ytre, muntlige Ordet som apostlene forkynte, og som vi nå, ved Guds nåde, også forkynner, hører, tar imot og tror. Mange hører og tar imot det sammen med oss; vi tvinger ingen inn i dette. De presser seg selv inn i det, slik at ingen kan holde dem tilbake, som Kristus sier i Matt. 11.12: *De trenger seg inn i himlenes rike med makt, og de som trenger seg inn, river det til seg.* Paven og hans medsammensvorne blir rasende. De blir vanvittig sinte, rasende og frådende, men med sin vrede og villskap oppnår de ingenting. Herren, vår hersker, grunnlegger en makt og etablerer et sterkt og mektig rike som ødelegger djevelen, paven og verden. Og dette gjør han gjennom munnen på *barn og diebarn*, det vil si de enkle og enfoldige som holder fast ved det rene Ord. For den som vil være i dette riket og bli frelst, må vende om og bli som et barn, Matt. 18.3. Slik et barn går på skolen for å lære Fadervår og trosbekjennelsen, slik må vi også gå til menigheten for å høre og lære evangeliet.

Det er sannelig en merkelig og forunderlig ting og et dårlig våpen, som vi har sagt, at munnen på *barn og diebarn* skal kunne tilkjempe seg en slik makt mot keisere, konger og makthavere på jorden og mot djevelen med alle hans helvetes-engler i luften. For all fornuft konkluderer med at hvis man har mektige fiender og vil beseire dem, må man bruke en makt som er større enn deres, slik også Kristus vitner om i evangeliet, Luk. 11.21-22. Her er de sterke og mektige fiendene, makthaverne på jorden og helvetes-fienden, som man knapt kan anfekte med noen ord. Dette er hva den menneskelige fornuft konkluderer med, for den kan ikke dømme eller konkludere annerledes. Men munnen på *barn og diebarn* vil gjøre det, uansett hvor mektige og onde fiendene måtte være. Nettopp fordi fiendene skryter av sin makt og kraft, vil Gud ødelegge dem med munnen på *barn og diebarn*, som smør smelter på ilden. Eller, hvis de ikke skal ødelegges, så må de i sin store visdom bli som barn. Derfor sier Paulus i 1. Kor. 3.18: *Hvis noen av dere regner seg for å være vis i denne verden, la ham da bli en dåre, for at han kan bli vis!* For den som vil være i dette riket, må, som sagt, bli et barn. De som har Guds ord i sin hånd og ønsker hans visdom, må la seg undervise og lære, som elever på skolen. På samme måte som Herren, vår hersker, blir svak når han blir født inn i verden, slik begynner han også sitt rike på jorden i svakhet. Men på den ytterste dag vil han fremstå som en mektig og stor Gud. Nå grunnlegger han sitt rike gjennom munnen på barn og diende barn; da *skal han åpenbare seg fra himmelen med sin makts engler, han kommer med flammende ild,*

2. Tess. 1.7-8. Nå taler Han til sine fiender gjennom munnen på *barn og diebarn*, som verden betrakter som dårer; da vil Han tale til dem på en annen måte, nemlig når *Han tar hevn over dem som ikke kjenner Gud og over dem som er ulydige mot hans evangelium.*

Han tenker ikke bare på *fienden*, men også på *den hevngjerrige*. Med dette mener han først og fremst synagogen og det jødiske folk, men også djevelen med sin rustning, slik Romerriket var, og slik som antikristen, paven og likeså Muhammed og muslimene er i vår tid. Historien bevitner at aldri har større fiendskap og hevn blitt utøvd mot noen mennesker på jorden enn det som har blitt og fortsatt daglig blir utøvd mot Herren, vår hersker, og mot hans herredømme og rike. Les Kristi lidelseshistorie, og du vil skjønne hvem *den hevngjerrige* er som David taler om her. Mens Kristus henger på korset, roper han og sier: *Jeg tørster,* Joh. 19.28. Da gir korsfesterne ham ikke noe å drikke. I sin misunnelse og sitt hat, sin harme og sin hevn gir de ham *galle og eddik*, Salme 69.22, eller som Markus skriver 15.23, *vin blandet med myrra* for å drikke i sin store tørst. Dette gjør de ikke med de andre forbryterne som ble korsfestet på hver side av ham. Det er skikk og bruk over hele verden å ha medlidenhet med forbrytere når de blir ført ut og henrettet; når deres sjel er urolig og deres tunge blir tørr, får de den beste og mest forfriskende drikken, slik den kloke mannen befaler i Ordspråkene 31.6. Kort sagt, det er uhørt i verden at mennesker skulle miste all medlidenhet med en røver, morder eller skurk, hvor ond han enn måtte være. Men mot Kristus på korset er all barmhjertighet glemt. Det er djevelen som forbitrer, oppildner og driver verden mot Kristus.

I dag går det på samme måte med oss. Paven og hans beskyttere er ikke så fiendtlig innstilt mot noen morder og røver som de er mot oss. De kan ha sympati med alle skurker og mordere, ha medlidenhet med dem og skåne dem. Men de er mer fiendtlige og ondskapsfulle mot oss enn de er mot noen muslim, kjetter, anabaptist[6]

---

[6] Anabaptister oppstod i reformasjonstiden i Sveits, Tyskland og Nederland. De ble også kalt gjendøpere fordi de gikk inn for voksendåp og mente barnedåpen ikke var tilstrekkelig for sanne kristne. De gikk inn for en mer radikal reformasjon, distanserte seg fra kirkelige og verdslige myndigheter, forkastet tradisjoner og søkte en livsform i utkanten av vanlig samfunnsliv. Mange gjendøpere var opptatt av Bibelens tekster om endetiden og ventet Kristi snarlige gjenkomst til jorden. Kristi gjenkomst til tusen års herredømme med de sanne troende ble forkynt av flere av bevegelsene ledere. De kan i dag inndeles i mennonitter, amish og hutteritter.

eller fanatiker. Hvis de kunne drukne oss i eddik og galle, ville de med glede gjøre det. Slik som det går med oss, går det og vil det gå med alle sanne kristne og troende på jorden. Dette er ikke bare menneskelig ondskap, misunnelse eller hat, men det kommer fra djevelen, som gjør verden så bitter og hatefull mot oss. Og det skjer ikke uten grunn; for siden Kristus ødelegger fiendens makt og visdom gjennom vår munn, klapper han kjevene sammen over oss og vil gjerne rive oss i stykker.

Dette er altså djevelens to spesielle egenskaper: For det første at han er Kristi og hans menighets fiende; for det andre at han er full av hevnlyst, og dette uten annen grunn enn at han ikke tåler Kristus og hans evangelium. Når de små *barn og diebarn* åpner sin munn, forkynner frimodig og ikke viker fra sannheten, da blir han ikke bare en fiende, men planlegger dag og natt hvordan han skal ta hevn over dem og utslette de små *barn og diebarn* som forkynner og bekjenner Kristus. Våre fiender har i mange år holdt råd for å få utløp for sitt sinne mot oss, og de slutter ikke å forfølge og undertrykke oss. Kort sagt, de vil ikke få fred eller hvile før de ser oss gå under foran øynene på dem.

Men vår trøst er at det står skrevet her: *Barns og diebarns munn* skal bli stående og Kristi rike bestå, men *munnen skal stoppes på fienden og den hevngjerrige.* Det var dette som skjedde med synagogen og det jødiske riket. Kristi rike ble etablert gjennom munnen på de fattige fiskerne og Kristi disipler, men jødene ble kjørt i senk. Det samme skjedde med romerne. De hadde verken fred eller hvile i sine forsøk på å utslette Kristus og hans kristne, men Kristus med sitt rike og sin menighet vant over dem, mens de gikk under med all sin makt, visdom og styrke. Det samme vil skje med paven; hvis han fortsetter å motarbeide oss i bitterhet og hevnlyst, vil Kristus og vårt evangelium vinne over ham, og han vil gå under. Han forsvarer seg med hardnakkethet og bedrar mange mennesker. Mange sanne kristne må lide og bli drept, men Herren, vår hersker, forblir i himmelen, fortsetter å styre sin menighet og sender umyndige barn og diende, som åpner munnen og utøver makt gjennom Ordet.

David bekjenner her at vi her på jorden befinner oss i et rike der vi blir motarbeidet av onde og giftige fiender, som er fulle av hevnlyst; men han forsikrer oss om at vi ikke vil lide nød. *Barns og diebarns munn* vil bestå, for gjennom dem vil Herren, vår hersker utøve makt, men *fiendens og den hevngjerriges munn* vil stoppes. Han har forutsett dette, at de små og diende har å gjøre med onde og hevngjerrige fiender,

som djevelen har besatt med hovmod og stahet, slik at de ikke vil gi etter og være lydige mot Kristus og hans evangelium. Deres tanker er alltid rettet mot hvordan de kan stoppe munnen på de små barn, men før de rekker å oppnå bare halvparten av dette, vil de bryte sammen og bli beseiret.
Selvsagt skjer det i svakhet, men ut av denne svakheten skal det komme en kraft. Paulus klager også over svakhet, ja, han klager over at han *fikk en torn i kjødet, en Satans engel, som skulle slå ham, for at han ikke skulle opphøye seg*. Tre ganger bønnfalt han Herren om at denne skulle forlate ham, men Herren sa til ham: *Min nåde er nok for deg, for min kraft fullendes i skrøpelighet,* 2. Kor. 12.7-9. På samme måte, selv om vi er svake og må la oss uroe og plage av fienden, trøster Kristus oss mot dette og sier: «La det være nok for deg at Jeg er din store Herre, vær tilfreds. Det er min måte å begynne i svakhet. Jeg etablerer og grunnfester mitt rike gjennom din munn. I mellomtiden må du holde ut og lide. Jeg skal ikke kaste deg i helvete, men bli hos deg og styrke deg.» Hvis dette er sant, og det er det helt sikkert, så la djevelen rase med sine helvetes-porter. Hvem ville ikke la ham gjøre det? La oss bare stole med fast tro på Herren, vår hersker. Han vil styrke og bevare oss.

*4. Når jeg ser din himmel, dine fingrers verk,
månen og stjernene som du har satt der*

Som vi har hørt, taler det tredje verset om Ordets og troens rike, om at Herren, vår hersker, har gitt kraft ut av munnen på *barn og diebarn* for å ødelegge fienden og den hevngjerrige. Det fjerde verset taler om den herlighet og åpenbaring som vi kan forvente i det kommende livet. Troens rike og den fremtidige herlighets rike er ett rike, men de skiller seg fra hverandre ved at det som blir tilbudt oss her i troens rike gjennom Ordet, og det vi mottar og griper her ved troen, vil bli presentert for oss der i det åpenbare. Derfor sier Peter i 1. Pet. 1.12 at det er blitt forkynt oss et evangelium *som englene lengter etter å skue inn i.* Derfor er det ett rike, men det er en forskjell i innsikt. Nå hører vi det i Ordet, da skal vi få se det synlig. Nå tror og håper vi på det sammen med alle kristne på jorden, da skal vi eie det sammen med alle de hellige engler og Guds utvalgte i himmelen.
Men David snakker om himmel, måne og stjerner, som er et verk av Herrens, vår herskers fingre. Denne fingeren er Den Hellige Ånd. For slik tolker Kristus det selv,

Luk. 11.20: *Men er det ved Guds finger jeg driver de onde åndene ut,* dvs. som Matt. 12.28 skriver: *Men er det ved Guds Ånd jeg driver ut de onde åndene.* Når han her sier *dine fingre* i flertall, taler han om Den Hellige Ånd slik han viser seg for menigheten med sine gaver, som han utsmykker og pryder de troende med; altså ikke slik han er i og for seg selv (i entall) i sin majestet. Disse gavene er ikke enkeltstående, men mange og varierte, selv om Den Hellige Ånd i sin person er enkeltstående og udelelig, 1. Kor. 12.4. Av dette følger at David i dette skriftsted ikke taler om himmel, måne og stjerner i den opprinnelige skapelsen, som Moses skriver om i 1. Mos. 1. Han taler i stedet om den nye himmelen, den nye månen og de nye stjernene, slik de vil bli nyskapt gjennom Herrens, vår herskers Ånd, ved de dødes oppstandelse, når Ordets og troens rike opphører og åpenbaringens og synets rike begynner. Da vil vi se himmelen, månen og stjernene riktig, ikke slik vi ser dem nå i denne verden, men i den verden, hvor vi ikke lenger vil være jordiske eller dødelige, men himmelske og udødelige.

Jesaja sier i kap. 30.26: *Månens lys skal bli som solens lys, og solens lys skal bli sju ganger klarere, som lyset for sju dager, på den dagen når Herren leger sitt folks skade og forbinder såret av det slaget det fikk.* Profeten sier dette om utfrielsen fra det assyriske fangenskapet, men slik mange lærere har forstått det, viser han også i overført betydning til den utfrielsen som fant sted og til slutt vil finne sted i Kristus. Kristus forbinder og leger sårene til sitt folk to ganger: Én gang gjennom syndenes forlatelse som han vant ved sin død og sitt blod, og som han gir oss gjennom sitt evangelium, sine hellige sakramenter, sin tro og sin Ånd; og igjen ved de dødes oppstandelse, når han skal vekke oss opp fra de døde, fullstendig rene for all synd. Da vil smerten og sårene være fullstendig leget, og vi vil være friske, sunne og rene i kropp og sjel. Da skal det også bli en *ny himmel og en ny jord, månens lys skal bli som solens lys, og solens lys skal bli sju ganger klarere,* dvs. umåtelig mye sterkere enn nå.

Nå er solen et sterkt og skinnende lys, slik at ingen kan se inn i dens lysstyrke uten å blunke, uansett hvor skarpe og klare øyne man har. Hvordan vil det da være i det livet, når solens lys vil være syv ganger så sterkt som det er nå? Da vil vi trenge skarpe og klare øyne som tåler en slik sol. Hadde Adam forblitt i den uskylden han ble skapt med, ville han hatt skarpe og klare øyne og kunne ha sett inn i solen slik en ørn gjør. Men gjennom synden og syndefallet er vi mennesker blitt så svekket, besmittet og fordervet i kropp, sjel, øyne og ører, at vårt syn ikke engang er én prosent så skarpt som Adams syn var før syndefallet. Kroppen vår er uren, skitten og spedalsk, og alle skapninger er *lagt under forgjengelighet,* Rom. 8.20. Sol, måne, stjerner, skyer, luft, jord og vann er ikke lenger så rene, vakre og skjønne som de var. Men på den dagen skal alt bli nytt og vakkert, som Paulus sier i Rom. 8.21: *Skapningen skal bli frigjort fra trelldommen under forgjengeligheten, og nå fram til Guds barns frihet i herligheten.* Slik fryder David seg i Ånden og venter med glede på Guds barns fremtidige herlighet og skapningenes fornyelse, når himmel, måne og stjerner skal forberedes og gjøres nye ved Herrens, vår herskers finger, det vil si ved Den Hellige Ånd. Som om han skulle si: «Jeg håper på dette og er sikker på at jeg en dag skal komme ut av denne jammerdal til en annen verden, ut av denne natt til klarhet, ut av dette mørke til lys, når Herren, vår hersker, vil åpenbare og manifestere seg selv med sine fingres gjerninger, det vil si Den Hellige Ånd. Da skal jeg se en ny himmel, en ny måne og nye stjerner, og jeg selv skal bli kledd i et nytt og vakkert legeme og prydet med nye og skarpe øyne.»

Med dette lærer han at i den kommende verden vil livet til de utvalgte og frelste være i himmelen. Vi vil ha et himmelsk vesen og liv, hvor vi ikke lenger skal trenge å arbeide, ha slit eller besvær, spise, drikke, sørge eller være bedrøvet, slik vi må i denne verden. Vi vil ha en evig sabbat og helligdag, være evig tilfredse i Gud, evig glade, trygge og fri for all sorg. Vi vil se Gud og hans verk i evighet, ikke skjult bak et slør som her i dette livet, men *med utildekket ansikt*, 2. Kor. 3.18, dvs. som åpenbaring. Det vil ikke være et jordisk, timelig liv, men et himmelsk, evig liv. Det betyr ikke at vi bare skal være i himmelen, men vi skal være hvor vi vil, i himmelen, på jorden, over eller under, som vi vil. Da skal vi ikke lenger være tynget av denne tunge kroppen, som vi må løfte og bære og som stadig faller til jorden, men vår kropp vil være smidig og lett. Kort sagt, vi skal bli som *Guds engler i himmelen,* som Kristus sier, Matt. 22.30.

David trodde på en slik fremtidig herlighet for Guds barn og at skapningene skulle fornyes. Han frydet seg over det av hele sitt hjerte og hadde et sikkert håp om at han skulle få se himmelen, månen og stjernene bli beredt og fornyet ved Guds finger. Gud utsatte denne herligheten slik at alle de hellige måtte vente på den, slik det står skrevet i Hebreerne 11.39-40: *Og enda alle disse fikk vitnesbyrd for sin tro, oppnådde de ikke det som var lovet. For Gud hadde på forhånd utsett noe bedre for oss, for at*

de ikke skulle nå fullendelsen uten oss. Gud førte ikke sine hellige inn i herligheten med en gang, men lot dem søke hjemlandet. Først må vi alle komme sammen, de første og de siste, de som sover på jorden og de som overlever Herrens komme. Når vi alle kommer sammen, da vil herligheten åpenbares i oss. Slik sier Paulus i 1. Tess. 4.16-17: *De døde i Kristus skal først stå opp. Deretter skal vi som lever, som er blitt tilbake, sammen med dem rykkes opp i skyer, opp i luften, for å møte Herren. Og så skal vi for alltid være sammen med Herren.*
David ser inn i en slik fremtid, og han føler det akkurat som om verden allerede var gått under og han allerede hadde stått opp fra de døde og så himmelen, månen og stjernene nye foran seg. Ja, han så det virkelig - men i troen og Ånden. Til sin tid vil han se det sammen med oss, og vi sammen med ham i åpenbaringen. Profetene og apostlene forkynte det for oss. Jesaja sier: *Se, jeg skaper en ny himmel og en ny jord. Og de første ting skal ikke minnes, ingen skal lenger komme dem i hu. Ja, gled og fryd dere til evig tid over det jeg skaper!* Jes. 65.17-18. Og Peter sier: *Etter hans løfte venter vi nye himler og en ny jord, hvor rettferdighet bor,* 2. Pet. 3.13. Profetenes og apostlenes forkynnelse skjedde gjennom Den Hellige Ånd og kan ikke svikte.
Det skal bli en vid og vakker himmel og en gledelig jord, mye vakrere og mer gledelig enn paradiset var. I paradiset fantes det ingen brennesler, torner og tistler eller giftige planter, ormer eller skadedyr, men vakre og edle roser og velduftende krydderurter. Alle trærne i hagen var vakre å se på og gode å spise. Etter Adams fall ble jorden forbannet til å bære torner og tistler, og mennesket må slite og livnære seg av jorden alle sine livsdager, 1. Mos. 3.17-18. Fra dette kom det mange skadelige skapninger, som kjemper mot oss mennesker og møyer og plager oss, slik som vi mennesker også gjør med hverandre. Nå skal alt dette rettes opp og gjøres nytt ved Herrens, vår herskers fingre. Da vil ingen synd eller urettferdighet bo på jorden, ingen drap eller mord, intet hat eller misunnelse, men fullkommen rettferdighet, kjærlighet og vennskap. Nå bor det urettferdighet og vantro på jorden. Ut fra dette bør vi innse hva vi har mistet gjennom Adams fall og vår synd, og lære å streve og lengte etter gjenopprettelsen og fornyelsen av skaperverket og etter Guds barns frihet.
Men i dette verset nevner David bare himmelen, månen og stjernene, og ikke solen. I Jes. 30.26 nevner Jesaja solen, og solen må være til stede der himmelen, månen og stjernene er, og der det er mennesker som kan se himmelen, månen og stjernene.

Hvorfor er det slik? Uten solen er menneskene fattige, elendige mennesker, og ingen kan leve uten solen, verken i denne verden eller i den kommende verden. Hvorfor utelater han da solen her? Svar på spørsmålet: Han gjør det for symbolikkens skyld. Solen symboliserer Kristus i Den Hellige Skrift, som vi skal komme tilbake til. Fordi David i dette verset taler om himmel, måne og stjerner som verk av Herrens, vår herskers finger, mens Kristus verken kan eller bør nevnes blant slike verk, ønsket han ikke å nevne solen i denne oppramsingen, av hensyn til symbolikken. Men rett etterpå nevner han solen på en vakker og herlig måte, som følger:

5. - hva er da et menneske at du kommer ham i hu, Menneskesønnen[7]*,*
at du ser til ham!

Her skildrer han en helt spesiell sol og kaller denne solen *et menneske* og *Menneske-sønnen.* Den Hellige Skrift sammenligner ofte Kristus med solen, spesielt profeten Malaki: *For dere som frykter mitt navn, skal rettferdighetens sol gå opp med legedom under sine vinger,* Mal. 4.2. Den naturlige solen sender ut et lys og klarhet som skaper dagen og vekker menneskene fra søvnen, slik Moses lærer, 1. Mos. 1.16: *Gud skapte det største lys til å herske over dagen*; og Salme 104.22-23: *Når solen står opp, går mennesket ut til sin gjerning, for å gjøre sitt arbeid til det blir kveld.* Slik sender Kristus, som er den åndelige solen, sitt evangeliums stråleglans og klarhet ut i verden og opplyser på den måten menneskenes hjerter. Han sier selv i Joh. 8.12: *Jeg er verdens lys! Den som følger meg, skal ikke vandre i mørket, men ha livets lys.* Malaki kaller Kristus for *rettferdighetens sol med legedom under sine vinger,* fordi ethvert hjerte som Kristus opplyser med sin stråleglans, det mennesket er rettferdig for Gud for denne solens skyld, og så lenge det forblir under denne solens vinger, er det frelst. I Salme 118.24 sier David: *Dette er dagen som Herren har gjort, la oss fryde oss og glede oss på den!* Jesus Kristus er *Herren.* På samme måte som den naturlige solen skaper dagen, skaper den åndelige solen, Jesus Kristus, denne (åndelige) dagen som vi fryder og gleder oss over.

---

[7] Nordiske bibeloversettelser bruker ubestemt form her, som man taler om menneskebarn generelt, men grunnteksten, King James og Young viser at David taler om *The son of man*, dvs. Menneskesønnen = Kristus. Luther forklarer i en forelesning over Salme 8 at både Salme 8.5 og Heb. 2.6 bruker begrepet *Menneskesønnen.*

Her kaller han ikke Kristus selv for «solen», men taler om hans embete og gjerninger. «En slik sol er Han», sier han, «at Han er et menneske og en Menneskesønn.» Dermed gir han Kristus to nye navn. I den hebraiske teksten er disse navnene forskjellige, men forskjellen kan ikke gjengis verken på latin eller tysk. Det første navnet [אֱנוֹשׁ] betyr et plaget, ynkelig og elendig menneske, som i Salme 9.21: *La frykt komme over dem, Herre! La hedningefolkene kjenne at de er mennesker!* Det vil si fattige, ynkelige og elendige mennesker. Salme 103.15: *Menneskets dager er som gresset, som blomsten på marken, slik blomstrer han.* Det andre navnet er et fellesnavn på hele menneskeslekten og betyr et vanlig, alminnelig menneske. Salme 49.2-3: *Hør dette, alle folk! Vend øret til, alle dere som bor i verden, både lav og høy, rik og fattig, alle sammen!* Så han kaller Kristus «menneske» [אֱנוֹשׁ] på grunn av vanskeligheten og sorgen Han hadde på jorden. Han kaller Ham «Adams sønn» eller «Menneskesønn» på grunn av hans natur, dvs. at Han ble født av et menneske og ikke umiddelbart skapt av Gud slik Adam ble skapt av en jordklump eller Eva ble skapt av Adams ribbein. Men han ble født på en vanlig, men samtidig overnaturlig måte: *Unnfanget ved Den Hellige Ånd, født av jomfru Maria,* slik den kristne trosbekjennelsen lærer. Kristus har navnet *Menneskesønnen* fra denne salmen, og i evangeliet kaller han seg selv *Menneskesønnen,* fordi han ble født av en menneskelig mor og antok alle egenskapene til et sant, naturlig menneske, men likevel uten synd. Slik sier Paulus i Fil. 2.7-8 og Heb. 2.14-17: *Han tok en tjeners skikkelse på seg, da han kom i menneskers liknelse. Og i sin ferd var han funnet som et menneske. Siden barna er av kjøtt og blod, måtte også han fullt ut bli som dem. Det er jo ikke engler han tar seg av. Nei, han tar seg av Abrahams ætt. Derfor måtte han på alle måter bli lik sine søsken.*

Men han skildrer Kristus i motsetning til alle mennesker på jorden og sier: «Hva er mennesket, at du tenker på ham, og Menneskesønnen, at du bryr deg om ham?» Han sier dette om høyden og dybden av Kristi fornedrelse. For han ser på Kristus i hans største pine og høyeste lidelse, at han blir hånet, spyttet på, pisket, kronet og korsfestet, slik Paulus også sier om en slik ydmykelse Fil. 2.8: *Han fornedret seg selv og ble lydig til døden - ja, døden på korset.* I denne ydmykelsen var det ingen som så på ham som et menneske, men alle de som gikk forbi, ristet på hodet og sa: «Å, som Gud har forbannet denne mannen, at Han skulle henge på korset!» Jesaja taler om dette slik: *Likesom mange var forundret over deg - så ille tilredt var han at han ikke så ut som et menneske, og hans skikkelse ikke var som andre menneskebarn. Han hadde ingen skikkelse og ingen herlighet. Vi så ham, men han hadde ikke et utseende så vi kunne ha vår lyst i ham. Foraktet var han og forlatt av mennesker, en smertenes mann, vel kjent med sykdom. Han var som en som folk skjuler sitt åsyn for, foraktet, og vi aktet ham for intet,* Jes. 52.14; 53.2-3. Og Salme 22.7: *Jeg er en orm og ikke et menneske, jeg er spottet av mennesker og foraktet av folk.*

Men denne ydmykelsen av Kristus var spesielt støtende for den jødiske nasjonen. For deres tro var at hvis det gikk godt for en mann på jorden, hvis han var rik og hadde stor ære og gode dager, så var han velsignet. Om en slik tro står det i Salme 144.11-15: *Fri meg og frels meg fra fremmedes hånd, fra dem som taler svik med sin munn og har løgnens hånd som sin høyre hånd - slik at våre sønner skal ligne planter, høyvoksne i sin ungdom, og våre døtre være som hjørnestolper, hogd ut som til et slott. La våre kornlagre være fulle så der er noe av alle slag å gi ut! La vårt småfe der ute øke i tusentall, ja, i titusen. La vårt storfe bære uten uhell og uten tap. La det ikke være klageskrik på våre gater. Salig er det folk som har det slik. Salig er det folk som har Herren til sin Gud.* Dette var jødenes tro. Da de så Kristus i elendighet henge på korset, foraktet de ham og trodde at han var forbannet.

David undrer seg over dette og sier: «Er det virkelig mulig, eller bør man tro at Gud skulle ha omtanke for et så elendig, ynkelig menneske og tar seg av en menneskesønn som dør så elendig, henrettet på et kors? Skal han være Guds kjæreste barn og Guds utvalgte, han som alle spytter på, håner og spotter? Så tåpelig Gud handler! Skal han være Guds Sønn, Herren, vår hersker, hvis navn er herlig over hele jorden, og som man takker i himmelen - han som henger på korset og blir sett på som en spott og forbannelse av folket?» David sier dette med stor forundring, som om han ville si: «Hele verden tror at Gud har glemt denne mannen og ikke bryr seg om denne Menneskesønnen. Men *den stein som bygningsmennene forkastet, er blitt hovedhjørnestein. Av Herren er dette gjort, det er underfullt i våre øyne,* Salme 118.22-23.»

6. Du vil la ham være forlatt av Gud en liten stund.
Du vil krone ham med ære og herlighet[8]

I dette verset beskriver David hvor elendig Kristus vil bli forlatt. Ingen menneskelige ord kan beskrive dette så klart, kort og enkelt som her. Han taler ikke om Kristi fysiske lidelse, som også var stor og vanskelig, men om hans høye, åndelige lidelse, som han følte i sin sjel, en lidelse som langt overgår all fysisk lidelse. Han beskriver den høyeste grad av denne lidelsen og sier: *Du vil la ham være forlatt av Gud en liten stund.* Hva dette er, forstår ingen på jorden, og ingen kan oppnå eller uttrykke det med ord. For å være forlatt av Gud er langt verre enn døden. De som har smakt og erfart litt av dette, kan tenke over det, men mennesker som er kjødelige, trygge, grove, uprøvde og uerfarne, vet og forstår ingenting av det. Når Gud gir oss en pung full av penger, en åker full av korn og en kjeller full av vin, og når han lar oss være uten kors og fristelser og vi koser oss, da har vi det godt og kommer til å tro at alt er rosenrødt og at vi sitter i Guds fang. Men når Gud skjuler og gjemmer seg og lar djevelen gjøre med oss hva han vil, da blir det trøbbel og sorg, ja, da blir det selve døden.

Ut fra Jobs eksempel kan man til en viss grad forstå hva det vil si å være forlatt av Gud. Job er rettskaffen og oppriktig, han frykter Gud og unngår det onde, og det finnes ingen som ham i landet, slik Gud Herren selv vitner om ham. Men Satan kommer inn blant Guds sønner, når de kommer frem for Herren og sier til Herren, Job 1.9-12: *Mon Job frykter Gud for intet? Har du ikke vernet om ham og hans hus og alt som hans er, på alle kanter? Hans henders gjerning har du velsignet, og buskapen hans har bredt seg vidt ut i landet. Men rekk bare din hånd ut og rør ved alt det som hans er! Da vil han for visst si deg farvel like opp i ansiktet. Da sa Herren til Satan: Se, alt det han eier er i din hånd. Men mot ham selv må du ikke rekke ut din hånd. - Så gikk Satan bort fra Herrens åsyn.* Slik bekjenner djevelen selv at han ikke kan komme til Job eller røre hans eiendom uten at Gud tillater det. For Gud har satt en vakt av sine hellige engler rundt Job, som vokter og beskytter ham og hans eiendom, slik det står skrevet i Salme 34.8: *Herrens engel slår leir rundt omkring dem som frykter ham, og han frir dem ut.*

---

[8] Har gjengitt Luthers 1545 oversettelse av vers 6. Norsk bibeloversettelse lyder: *Du gjorde ham lite ringere enn Gud, med ære og herlighet kronte du ham.*

Satan dukker igjen opp blant Guds sønner for Herrens åsyn og sier, Job. 2.4: *Hud for hud! Men alt det en mann har, gir han for sitt liv. Rekk bare din hånd ut og rør ved hans ben og kjøtt! Da skal han for visst forbanne deg opp i ditt ansikt. Da sa Herren til Satan: Se, alt det han eier er i din hånd. Men mot ham selv må du ikke rekke ut din hånd.* Så fjerner Gud seg gradvis fra Job. Først er Gud nær, og djevelen kan ikke komme nær Job. Så går Gud bort og gir rom for djevelen til å røre ved hans eiendom og hans kropp. Satan skåner ikke Job, men tar hans eiendom og dreper hans barn. Han angriper også kroppen hans og slår ham med byller fra fotsålen til issen. Men Job er ikke helt forlatt, hans sjel og liv er fortsatt bevart og trygt under Guds og hans hellige englers beskyttelse, og han har fortsatt trøst i sitt hjerte.
Hans kone håner ham og sier: *Holder du fortsatt fast ved din fromhet? Forbann Gud og dø!* Job står fast og svarer henne: *Du taler som en av de ufornuftige kvinner! Skal vi bare ta imot det gode fra Gud og ikke også det onde?* Job 2.9-10. Men det varer ikke lenge. Vennene hans kommer for å sørge og trøste ham, og smerten i kroppen hans blir veldig stor, og Gud skjuler seg. Da er han helt forlatt, han har ingen hjelp eller trøst, verken fra Gud, engler eller mennesker. Han faller i fortvilelse og tvil, han føler Guds vrede og helvete, han forbanner den dagen han ble født og den natten da det ble sagt: *Et guttebarn er unnfanget!* Job 3.3. Dette er virkelig å være forlatt av Gud. Paulus eksempel er av samme type, bortsett fra at eksemplet med Job synes å være mer passende. Satans engel slår Paulus med knyttnevene; Paulus har stor angst og redsel for djevelen, han trygler Herren tre ganger om at den må forlate ham. Men Herren sier: *Min nåde er nok for deg,* 2. Kor. 12.7-9. Dette er en dyp og vanskelig fristelse. Men Paulus ble ikke forlatt, slik som Job, som forbannet den dagen han ble født. Det er derfor jeg sa at ingen forstår hva det vil si å bli forlatt av Gud, bortsett fra de store og sterke helgenene som Job og Paulus, som har smakt og erfart noe av det.
Men nok om dette. Vi ønsker å komme tilbake til Kristus. Det er ingen tvil om at David her i ånden ser på Kristus når Han kjemper med døden i hagen og roper ut på korset: *Min Gud, min Gud, hvorfor har du forlatt meg?* Matt. 27.46. For det er hans rette, høye, åndelige lidelse, som ingen mennesker kan forestille seg eller forstå. I hagen sier Han selv: *Min sjel er bedrøvet inntil døden!* Matt. 26.38. Det er dette Han ønsker å si: «Jeg har en slik sorg og angst at jeg kunne dø av sorg og angst.» Han trekker seg tilbake fra disiplene et steinkast unna, Luk. 22.41, kneler ned og ber. I bønnen

begynner han å kjempe med døden, og han ber mer inderlig. Hans svette blir som bloddråper som faller på jorden. David taler her om denne høye, åndelige lidelsen, da Kristus kjempet med døden og ikke følte noe annet i sitt hjerte enn at han var forlatt av Gud. Og han ble faktisk forlatt av Gud. Det betyr ikke at guddommen ble adskilt fra mennesket - for i denne personen som er Kristus, Guds og Marias Sønn, er guddom og menneske så forenet at de aldri kan adskilles eller splittes - men at guddommen trakk seg tilbake og gjemte seg slik at det virket som om, og enhver som så det, kunne si: «Dette er ikke Gud, men bare et menneske, og til og med et plaget og fortvilet menneske.» Mennesket Kristus ble overlatt til seg selv, djevelen hadde fri adgang til Kristus, og guddommen trakk sin makt tilbake og lot mennesket kjempe alene.

Paulus taler om det på denne måten i Filipperbrevet 2.6-7: *Jesus Kristus, da han var i Guds skikkelse, holdt han ikke likhet med Gud for noe røvet bytte, men han uttømte seg selv og tok en tjeners skikkelse på seg.* Han sier at Kristus *uttømte seg selv*, dvs. ga avkall på sin guddommelige skikkelse. Det betyr at han ikke brukte sin guddommelige makt eller lot sin allmektige kraft komme til syne, men trakk den tilbake da han led. Pga. denne uttømmingen og ydmykelsen brukte djevelen all sin helvetes-makt. Mennesket og Menneskesønnen står der og bærer verdens synder, og fordi han ikke gir inntrykk av å ha guddommelig trøst og kraft, satte djevelen sine tenner over det uskyldige Lammet og ville sluke det. Slik må det rettferdige og uskyldige Mennesket skjelve og riste som en stakkars, fordømt synder og føle Guds vrede og dom over synden i sitt ømme, uskyldige hjerte, smake evig død og fortapelse for oss - kort sagt, Han må lide alt det som en fordømt synder har fortjent og burde lide evig.

Det er dette David snakker om her, som om han ville si: «Synden og døden er overvunnet, fienden er beseiret, himmelriket er vunnet. Det skjedde på denne måten, at Herren, vår hersker, sant menneske og Menneskesønn, kjempet med kropp og sjel i sin ømme menneskelighet. Han gjennomgikk en slik nød og angst at han svettet blod og ikke følte noe annet enn at han var forlatt av Gud. I sin sjel måtte han kjempe med følelsen av å være forlatt av Gud og slokke djevelens brennende piler, Ef. 6.16, helvetes ild, kvaler og alt det vi hadde fortjent ved våre synder.» På denne måten ble himmelriket, det evige liv og frelsen sikret for oss, slik Jesaja også sier: *Fordi hans sjel har hatt møye, skal han se det og mettes*. Hans kropp og sjel, sier han, arbeider seg gjennom dype og vanskelige lidelser. Men han gjør dette til stor nytte for oss og til sin egen store glede. For han overvinner sine fiender og triumferer, og *ved at de kjenner ham gjør han mange rettferdige,* Jes. 53.11.

Men det beste er at profeten føyer til dette: *Du vil la ham være forlatt av Gud en liten stund.* Han skal ikke være forlatt for lenge, langt mindre for alltid, men bare en liten tid, nemlig bare i noen timer. Det skal ikke skje for bestandig og heller ikke om og om igjen. På jødisk vis må man regne dagen fra kvelden, slik Moses sier i 1. Mos. 1.5: *Og det ble aften, og det ble morgen, dag én.* Derfor begynner lidelsen på langfredag om kvelden.[9] Neste dag om ettermiddagen dør han på korset, og alt er over. Kvelden før, etter nattverden, går han ut i hagen, der lidelsen begynner. Om morgenen står han på korset og roper høyt: *Min Gud, min Gud, hvorfor har du forlatt meg?* Matt. 27.46. Kort tid etter oppgir han sin ånd, blir tatt ned fra korset og lagt i graven. Der hviler han og holder sabbat. Når sabbaten er over, tidlig på ukens første dag, står han opp fra de døde. Da er all sorg, nød og angst over, som Jesaja sier 53.8: *Han ble tatt bort fra angst og dom; hvem vil si hvor lenge hans liv varte?* [10]

Slik forkynner profeten på en dyrebar og kraftfull måte om Kristi lidelse. Det er en kort og klar prediken. I korte ord indikerer han en dobbel lidelse i Kristus. Han viser til hans fysiske lidelse når han kaller Ham [אֱנוֹשׁ], det vil si et elendig og lidende menneske (v. 5). Han viser til Kristi høye åndelige lidelse når han sier (v. 6) at Han for en liten stund vil være forlatt av Gud; det vil si at Han vil være i stor og dyp angst og ikke vil ha noen hjelp eller trøst fra Gud eller engel eller menneske, bortsett fra den ene gangen i hagen da en engel viste seg for Ham fra himmelen for å styrke Ham. På korset ble han fullstendig forlatt, og de ga ham eddik å drikke i hans store tørst. Hele skaperverket oppfører seg som om det var imot ham. Han henger i luften og er opphengt i det høye og har ikke noe sted på jorden å sette sin fot. Det er ingen som føler med ham eller trøster ham. Dette er hans lidelse. Nå følger hans gledelige oppstandelse fra de døde.

---

[9] Etter vår ikke-jødiske oppdeling av døgnet kalles dette tidspunktet skjærtorsdag kveld.

[10] Gjengir Luthers 1545 oversettelse av Jes. 53.8. Svarer omtrent til King James: *He was taken from prison and from judgment; and who shall declare his generation?* Luther mener at ingen kunne forklare varigheten av Kristi liv, fordi det var et evig liv.

Han som ingen vil støtte, som er forlatt av Gud og hele verden, Ham river du ut fra lidelse til fred, fra angst til trøst og glede. På grunn av den forakt, hån og skam Han har måttet utstå, vil du krone Ham med ære. På grunn av den stygge skikkelsen Han hadde på jorden, vil du kle Ham dyrebart, slik at Han vil bli kledd, kronet og utsmykket overalt. Ikke bare vil Han være vakker i kropp og sjel for sin egen person, full av evig liv, full av glede, frelse, visdom, kraft og makt, full av himmelsk majestet og guddom, slik at alle skapninger vil betrakte og tilbe Ham; Han vil også være herlig prydet og dekorert med sine kristne og troende på jorden og med de utvalgte englene i himmelen, i denne verden og i den kommende verden.

Han nevner en todelt utsmykning som Kristus skal krones med. Den første utsmykningen som Kristus skal krones med gjennom sin oppstandelse, er ære [כָּבֵד], som egentlig betyr å være tung, dvs. full og overfylt av gods. Derfor betyr [כָּבוֹד] også ære og herlighet, av den grunn at rikdom og fylde gir respekt og ære, mens fattigdom og nød på den annen side gir vanære og forakt. Profeten setter denne utsmykningen i motsetning til alt det han tidligere hadde sagt om Kristi ydmykelse og lidelse. Det er som om han ville si: «Det fattige, elendige og lidende mennesket [אֱנוֹשׁ] og Menneskesønnen vil bli kronet med himmelsk rikdom, med guddommelig ære, med en slik majestet, storhet og makt som aldri kan tildeles noen skapning. Han som var forlatt av Gud og av hele skaperverket, ham vil Gud føre ut av døden til liv. Han som i sitt kjøds dager ble foraktet, hånet og spyttet på, vil bli opphøyet til en slik herlighet og ære at *alle Guds engler vil tilbe ham.*»

Om denne utsmykningen står det i Hebreerbrevet 2.9: *Men han som for en kort tid var satt lavere enn englene, Jesus, ham ser vi kronet med herlighet og ære fordi han led døden, for at han ved Guds nåde skulle smake døden for alle.* Og Kristus selv sier i sin bønn, Joh. 17.5: *Og nå, herliggjør du meg, Far, hos deg selv med den herlighet jeg hadde hos deg før verden ble til!* Paulus har også dette i tankene når han sier: *Stort er gudsfryktens mysterium: Gud åpenbart i kjød, rettferdiggjort i ånd, sett av engler, forkynt blant folkeslag, trodd i verden, tatt opp i herlighet,* 1. Tim. 3.16.

Den andre utsmykningen er [הָדָר] som egentlig betyr den utsmykningen som kommer fra dyrebare og strålende klær. Men her snakker han om den kongelige utsmykningen som Kristus vil være herlig kronet med som konge i denne verden og i den kommende verden. Konger blir vanligvis smykket når de skal opptre til skue. Slik vil Kristus Kongen, sier David, bli prydet, ikke bare for seg selv i sitt naturlige legeme, men også for oss i sitt åndelige legeme, som er hans menighet. For han samler sin menighet gjennom forkynnelsen av evangeliet, og han pryder og utsmykker den med sin Hellige Ånd. Denne utsmykningen står i kontrast til hans stygge skikkelse, som vi tidligere har talt om med utgangspunkt i Jesaja 53. Som om Han skulle si: «Mennesket [אֱנוֹשׁ] og Menneskesønnen har liten utsmykning og liten støtte i sin lidelses tid. Hans egen nasjon roper over Ham: Korsfest ham, korsfest ham! Ja, hans egne disipler gjør opprør mot ham og flykter fra ham. Men etter sin oppstandelse vil han ha en herlig utsmykning og en stor tilhengerskare av mange kristne på jorden. Det vil være den vakre kroningskappen og utsmykningen som han vil bli kronet med i denne verden.»

Profetene forkynner kraftfullt om denne utsmykningen av Kristus og hans menighet. Jesaja sier om Kristus 60.11: *Dine porter skal holdes åpne hele tiden, verken dag eller natt skal de lukkes, så folkenes gods må bli ført inn til deg, og deres konger bli brakt med som fanger.* Og Jeremia 16.19: *Til deg skal hedningefolk komme fra jordens ender.* Men spesielt David forkynner på en strålende og herlig måte om denne utsmykningen av Kristus og hans menighet i Salme 45. Og Jesaja taler i hele menighetens navn 61.10: *Jeg vil glede meg i Herren, min sjel skal fryde seg i min Gud. For han har kledd meg i frelsens drakt, i rettferdighetens kappe har han svøpt meg - lik brudgommen, som setter på seg sin prestelige krone, og lik bruden, som pryder seg med sine smykker.*

Men på den dagen vil han være kledd i den rette kappen og utsmykningen, når han kommer i herlighet sammen med sine utvalgte og hellige engler. Som Paulus sier, vil Kristus komme *for å vise seg herlig i sine hellige og underfull i alle som tror,* 2. Tess. 1.10. Og Kristus selv sier: *Når Menneskesønnen kommer i sin herlighet, og alle englene med ham, da skal han sitte på sin herlighets trone. Og alle folkeslag skal samles fremfor ham,* Matt. 25.31-32. Da vil han ha rundt seg alle sine fingres gjerninger, en ny himmel, måne, stjerner og hele skaperverket. David mener å uttrykke alt dette ved den *ære og herlighet* som Kristus skal krones med. Derfor er disse ordene en herlig profeti om Kristi oppstandelse og kroning, og denne æren og herligheten vil ikke ha noen ende.

7. Du vil gjøre ham til Herre over dine henders verk;
du har lagt alle ting under hans føtter [11]

I dette verset beskriver David Kristus som sant menneske og samtidig sann Gud og Herre over alle skapninger. For ordet [תַּמְשִׁילֵהוּ] dvs. *du vil gjøre ham til herre*, betyr egentlig å gjøre ham til herre på samme måte som en mann gjøres til herre. Av det kommer ordet [מוֹשֵׁל], som ikke betyr Herre slik Gud kalles Herre, men slik en mann er herre og hersker. I Dommerne 8.22-23 sier noen av Israels menn til Gideon: *Du skal herske over oss, både du og din sønn og din sønnesønn! For du har frelst oss av midianittenes hånd. Men Gideon sa til dem: Jeg vil ikke herske over dere, og min sønn skal ikke herske over dere. Herren skal herske over dere.* Derfor betyr [מוֹשֵׁל] *herre* i den forstand at husets herre er husets hersker, som alle i huset må adlyde, kone, barn, tjenere osv. Slik sier Gud til Eva, 1. Mos. 3.16: *Din lyst skal være til din mann, og han skal være herre* [מוֹשֵׁל] *over deg,* Fyrsten i et land er altså dets herre, som alle innbyggerne må adlyde, slik Josef sier, 1. Mos. 45.9: *Gud har satt meg til herre over hele Egypt.* Slik skal også Kristus gjøres til Herre, slik at alle kan adlyde ham, mennesker og engler. Salme 22.29: *For riket hører Herren til, og han hersker* (dvs. er Herre [מוֹשֵׁל]) *over folkene.* Salme 59.14: *Så de kan kjenne at Gud er den som hersker* [מוֹשֵׁל] *i Jakob like til jordens ender.*

Han sier: *Du vil gjøre ham til Herre over dine henders verk* og *du har lagt alle ting under hans føtter.* Dermed vitner han om at Kristus, sant menneske, samtidig også er sann Gud. For Gud gjør ikke noen til Herre over sine henders verk og legger ikke alle ting under noens føtter med mindre han er hans likemann, dvs. med mindre Han er Gud. Gud alene er Herre over sine henders verk og har alle ting under sine føtter. Siden dette mennesket Kristus, som ble forlatt av Gud for en liten stund, skal gjøres til Herre over Guds gjerninger - himmel, engler, sol, måne, jord, mennesker, luft, vann og alt som er i himmelen, på jorden og i vannet - følger det at han er sann Gud. Selv om han ikke uttrykkelig sier hvordan han vil bli gjort til Herre over Guds gjerninger og skapninger, så gjør han det likevel forståelig nok. For han sier: *Du vil gjøre ham til Herre.* Hvilken *«ham»*? Han som ble forlatt av Gud for en liten stund, og som han vil krone med ære og herlighet. Derfor taler han om Kristi opphøyelse og

---

[11] Har gjengitt Luthers 1545 oversettelse av vers 7. Norsk bibeloversettelse lyder: *Du gjorde ham til hersker over dine henders verk, alt la du under hans føtter.*

herliggjørelse etter hans oppstandelse fra de døde. Om opphøyelsen sier Peter, ApG. 2.33: *Nå er han opphøyet ved Guds høyre hånd og har fått løftet*[12] *om Den Hellige Ånd*, ApG. 5.31: *Ham har Gud opphøyet ved sin høyre hånd til høvding og frelser.* Og Paulus sier i Fil. 2.9: *Derfor har Gud høyt opphøyet Ham.* Om herliggjørelsen sier Johannes 7.39: *Ånden var ennå ikke gitt, fordi Jesus ennå ikke var herliggjort.*
Paulus kaller det en erklæring i Romerbrevet 1.4: Han ble herliggjort eller «erklært å være Guds Sønn»[13]. Fra evighet av er Kristus Herre over alle skapninger, før han noen gang ble menneske. Han ble menneske, Han ble forlatt av Gud for en liten stund, og likevel ble Han kronet med ære og herlighet. Ved sin oppstandelse og himmelfart ble han åpenbart og forherliget og slik gjort til Herre her i tiden iht. sin menneskelighet. Han ble født som Herre fra evighet av, men han er ikke Herre for oss på denne måten. Han ble gjort til Herre i tiden og herliggjort gjennom oppstandelsen fra de døde, slik at han også på våre vegne skulle være Herre over alt i himmelen og på jorden.
Kristus er altså både sant menneske og sann Gud. Han er menneske gjennom timelig fødsel, født av jomfru Maria. Han er Gud gjennom evig fødsel, født av Faderen i evigheten. Ifølge sin menneskelighet led han, ble forlatt av Gud, døde, stod opp fra de døde og ble ved sin herliggjørelse gjort til Herre over alle. Ifølge sin guddom er han Herre fra evighet av. Ifølge sin menneskelighet ble han gjort til Herre her i tiden og ikke fra evighet. Derfor tilber også alle Guds engler dette mennesket. For Han er én eneste udelt person med guddommen, og også sann Gud, ikke to personer. Han er det sanne, naturlige menneske. For Han kalles [אֱנוֹשׁ] dvs. et lidende menneske og en menneskesønn. Han er sann Gud. For Han er gjort til Herre over alt det som Guds hender har skapt. Dette tilhører bare Gud, som Jesaja sier i kap. 45; derfor er han Gud og Herre over engler, mennesker og djevler. Keisere og konger på jorden er som sparkongen[2] i sammenligning med denne Kongen, men Kristus er den sanne Kongen og Herre over alt som Gud har skapt. Han har samme makt, kraft og ære som Faderen, derfor er han en sann, allmektig Gud.
Slik taler David i Ånden, Salme 110.1: *Herren sa til min Herre: Sett deg ved min høyre hånd, til jeg får lagt dine fiender til skammel for dine føtter!* Kristus fremfører dette vitnesbyrdet mot fariseerne og beviser med det at han ikke bare er et menneske og

[12] Gjengir ApG. 2.33 ifølge Luthers 1545 oversettelse, King James, Young og grunntekst.
[13] Viser til grunnteksten, Luthers 1545 oversettelse og King James: *declared to be the Son of God.*

Davids sønn, men også Davids Gud og Herre, Matt. 22.43-45. Og i Matt. 28.18 sier Han selv: *Meg er gitt all makt i himmel og på jord!* Hvilken *Meg*? *Meg*, som er født som sønn av Maria og er et menneske. Hvordan er makten gitt til *Meg*? Ifølge min guddom har jeg den fra evighet av fra Faderen, før jeg noen gang ble menneske. Ifølge min menneskelighet, der jeg led og ble oppreist fra de døde, mottok jeg den her i tiden, da det ble åpenbart og gjort klart at jeg er Herre og har makt over alt.

Av dette lærer vi igjen at Kristus er én eneste, udelt person og likevel har to naturer, guddommelig og menneskelig natur med legeme og sjel. Ifølge den guddommelige natur er han sann Gud, født av Faderen i evighet, og har samme makt og herlighet som Faderen og Den Hellige Ånd. Ifølge den menneskelige natur er han sant menneske og menneskesønn, født av en menneskelig mor, og han er gjort til Herre over alle Guds skapninger og gjerninger. Selv om han er menneske og menneskesønn, er han likevel Herre over alt; han er ikke underlagt englene, men englene er underlagt ham. Hebreerbrevet sier 2.5-8: *Det var ikke under engler han la den kommende verden, som vi taler om. Men det er en som et sted har vitnet: Hva er et menneske, at du husker på ham? Eller Menneskesønnen,*[7] *at du ser til ham? For en kort tid stilte du ham lavere enn englene. Men med ære og herlighet kronte du ham, og satte ham over dine henders gjerninger.* For at det ikke skal bli noen åpning i teksten, fortsetter han og sier universelt: *Alt la du under hans føtter.* Denne passasjen er sitert med kraft i Hebreerne 2.8 slik: *For da han la alt under ham, holdt han ikke noe tilbake som han ikke underla ham.* Adam i Paradiset blir også gjort til herre over Guds skapninger og verk, men ikke alt blir lagt under hans føtter. Ja, ifølge den første skapelsen blir ikke noe menneske gjort til herre over et annet menneske, langt mindre over engler. Teksten i 1. Mosebok 1.28 lyder slik: *Råd over havets fisker og himmelens fugler og over alt levende som rører seg på jorden.* Sammenlignet med Kristi herredømme er dette fortsatt et lite herredømme, nemlig den menneskelige fornufts herredømme over fisk, fugler og dyr. Her lyder teksten helt annerledes: *Alt la du under hans føtter*, og utelukker ikke noe annet enn Faderen, som har lagt alt under Sønnen, 1. Kor. 15.27. Og dette herredømmet omfatter engler, mennesker og alt som er i himmelen og på jorden.

Paulus uttrykker dette på en herlig måte i Efeserbrevet 1.20-23: *Han har oppreist ham fra de døde og satt ham ved sin høyre hånd i himmelen, over all makt og myndighet, over alt velde og herredømme og over hvert navn som nevnes, ikke bare i denne verden, men også i den kommende. Alt la han under hans føtter, og ga ham som hode over alle ting til menigheten, som er hans legeme, fylt av ham som fyller alt i alle.* Og Peter taler om *Jesu Kristi oppstandelse, han som er fart opp til himmelen og er ved Guds høyre hånd, hvor engler og myndigheter og makter er ham underlagt,* 1. Pet. 3.21-22. *Og igjen, når han fører den førstefødte inn i verden, sier han: Og alle Guds engler skal tilbe ham!* Heb. 1.6.

Derfor er Kristus en mye større og høyere herre enn Adam var før syndefallet. For ikke alt var underlagt Adam eller lagt under hans føtter, men alt er lagt under Kristi føtter, slik at hele verden og alle hans fiender må være hans fotskammel, Salme 110.1. Derfor kan denne teksten ikke neglisjeres, siden den så sterkt beviser læren om at Kristus er sann Gud og menneske. Hvis Han ikke var menneske, kunne Han ikke kalles [אֱנוֹשׁ] eller [filius adam], dvs. menneskesønn. Hvis Han ikke var Gud, kunne Han ikke være Herre over alle Guds gjerninger eller ha alle ting under sine føtter. For ingen har rett til å være Herre over himmel, jord, engler, mennesker, liv - ja, over synd og død - bortsett fra en som er sann Gud av natur.

Slik følger det ene på det andre, og David konkluderer på en fin og strålende måte hvem solen er. I den verden, sier han, hvor livet skal begynne og hvor himmel, måne og stjerner skal komme, der skal Kristus selv være solen. Han er imidlertid også i denne verden *Rettferdighetens sol*, som Malaki kaller ham, Mal. 4.2. For vår skyld ble han menneske og ble forlatt av Gud. For vår skyld stod han opp fra de døde og ble Herre over alt og har alt under sine føtter. Fra denne solen, gjennom hans evangelium og Ånd, får vi et lys inn i vårt hjerte, slik at vi kjenner Gud som vår Far, som vi kan påkalle og som vi kan se hen til for alt godt. Selv om både synden, døden, djevelen og verden skulle friste oss samtidig, så har vi én, nemlig Kristus, vår sol, til å stå ved vår side og hjelpe oss og gi oss adgang til Faderen. La oss bare holde fast ved lyset og evangeliet som vi har fra Kristus, Solen.

8. Sauer og okser, alle sammen, ja, også markens ville dyr,
9. himmelens fugler og havets fisker, alt som ferdes på havets stier

Dette er den siste delen av Kristi herredømme, et herredømme som Adam også fikk i Paradiset, slik det står skrevet i 1. Mosebok 1.26: *Og Gud sa: La oss gjøre mennesker i vårt bilde, etter vår liknelse. Og de skal råde over havets fisker og over himmelens fugler, og over feet og over all jorden, og over hvert kryp som rører seg på jorden.* Det som Adam mottok i Paradiset, det samme legger David her også under Kristus. Derfor bør vi ikke få noen idéer som denne: «Hvis Kristus har et spesielt, særegent herredømme og rike, så har han ingenting til felles med Adams herredømme og rike.» De kristne må fortsatt leve i verden. Hvor skal de bo og finne noe å spise og drikke, hvis Kristus ikke har noe med Adams rike å gjøre og verden er deres fiende og ikke engang vil gi dem en brødskorpe? For å unngå slike ideer gir David også Kristus det samme herredømmet som Adam hadde på jorden over fisk, fugler, kveg osv. Han sier at alle sauer, okser, ville dyr, fugler under himmelen og all fisk i havet er lagt under Kristi føtter.

Derfor tilhører alt i den vide verden Kristus, herskeren. Hva keisere, konger, fyrster, regjering og undersåtter, troende og ikke-troende, gudfryktige og gudløse mennesker har og eier - alt dette er Kristi eiendom. Alt er underlagt Ham, alle mennesker må være under denne Konge og Hersker, enten det er i nåde eller unåde. Dermed har Kristus alt i sin hånd og makt. Fordi Han har alt i sin makt, er de kristne rikelig forsynt og vil klare seg godt, slik at de kan forbli i verden; de vil også ha nok å spise og drikke på jorden. Paulus sier i 1. Kor. 3.21-23: *For alt hører dere til, enten det er Paulus eller Apollos eller Kefas, enten det er verden eller liv eller død, enten det er det som nå er, eller det som komme skal - alt hører dere til, men dere hører Kristus til, og Kristus hører Gud til.*

Den Hellige Ånd underviser oss i denne salmen gjennom profeten David med korte, klare ord om Kristus; om de to naturer i Kristus, dvs. hans guddommelige og menneskelige natur, som likevel er så forenet at Kristus er én eneste, udelt person; om Kristi herredømme og kongerike; om troens rike; om hvordan og på hvilken måte Kristi rike på jorden blir opprettet, nemlig gjennom *barns og diebarns munn*; om Kristi rikes frukt og kraft, og det formål det tjener og hva det gjør og utretter, nemlig at det *stopper munnen på fienden og den hevngjerrige;* om skapningens fornyelse og herlighet i ærens rike; om Kristi fornedrelse, lidelse og død; om Kristi oppstandelse, opphøyelse og herliggjørelse; om hans herredømme og makt over alle skapninger. På en fin og glad måte beviser denne salmen disse unike læresetningene med enkle og korte ord.

10. Herre, vår hersker! Hvor herlig ditt navn er over hele jorden!

Dette verset er slutten på sangen. David avslutter denne salmen akkurat slik han begynte den. Han takker Herren, vår hersker, for hans store og uvurderlige velsignelse at han har opprettet et slikt rike og kalt og samlet sin menighet, som herlig priser hans navn i hele verden og takker ham i himmelen. La oss følge denne lovsangers eksempel, når han profeterer til oss. Herren er også vår hersker, og hans rike er etablert og grunnlagt fra *barns og diebarns munn.* Vi kom inn i dette riket ved dåpen[4] og vi blir daglig kalt til det gjennom Ordet og evangeliet. Med David håper vi også å komme dit hvor vi skal få se *himmelen, hans fingres verk, månen og stjernene* som han vil gjøre i stand. Han vant riket sitt med stor pine og angst. Nå er han kronet med ære og herlighet og har alt under sine føtter. For dette gir vi Gud vår pris og takk, men særlig for at han har ført oss til et lys og en kunnskap som ikke springer ut av menneskelig fornuft, men ut av Kristus. Han er vår sol, han som døde for oss og ble oppreist fra de døde, lever og regjerer, for at vi skal bli frelst gjennom ham. Måtte Gud hjelpe oss alle til dette. Amen.

Ære være Gud alene